反思教學導論

Kenneth M. Zeichner & Daniel P. Liston　著

許健將　譯

Reflective Teaching: An Introduction

Kenneth M. Zeichner & Daniel P. Liston

本書獻給我們的孩子：
Aaron、Jordan 和 Noah Zeichner
以及 Matthew 和 Ira Liston

目 錄

譯者簡介

許健將

學歷：英國曼徹斯特大學哲學博士

經歷：曾任國中與高中教師

現職：國立中興大學教師專業發展研
　　　究所暨師資培育中心副教授

譯者序

　　無意間於國立中興大學圖書館發現這本由 Kenneth M. Zeichner 與 Daniel P. Liston 兩位教授所共同編寫之《反思教學導論》（*Reflective Teaching: An Introduction*）原著，雖然僅有七十八頁的內容，但全書對於反思教學的精神、內涵、根源與傳統，均能以言簡意賅的方式，深刻完整地介紹給讀者；此外，對於教師實踐理論及其反思也有非常深入的探討。譯者研讀完此書後，深感此書所談論之內容頗值得職前教師、在職教師與師資培育工作者們細細咀嚼，共同反思；再者，本書所介紹之相關議題也可作為職前師資培育課程，如「班級經營」或「教學原理」之極佳補充教材。

　　承蒙心理出版社之支持，慨以同意協助取得此原著之翻譯授權，並完成付梓順利出版發行，亦得以嘉惠更多讀者，在此特別表達深切感激之意。

　　譯者才疏學淺，譯著過程難免疏漏，尚祈各方賢達不吝賜教。

許健將 謹誌
2008 年 5 月

作者簡介

Kenneth M. Zeichner
University of Wisconsin, Madison

Daniel P. Liston
University of Colorado at Boulder

系列叢書序

系列叢書介紹

　　有鑑於會閱讀一本書序言的讀者並不多，我們希望您會繼續閱讀下去。本書的成功與否，端賴於您如何使用它。以下我們將提出一些主要的假設與建議，引導讀者去閱讀名為「反思教學與學校教育的社會條件」系列叢書中的每一本著作。首先，我們將明確點出幾項出版此一系列叢書的理由，然後將陳述我們對目前師資培育模式的不滿意之處，以及可能做的改變。最後我們將對如何能最有效地運用此書與其後續的著作提出建議。

　　大約在四年前，我們被要求對所出版的《師資培育與學校教育的社會條件》（*Teacher Education and the Social Conditions of Schooling*）（Liston & Zeichner, 1991）一書的內涵進行擴充與更深入地探討，希望我們能將對於教師反思與師資培育課程的想法付諸實踐。這項建議相當具有吸引力，且後續的努力也證明它充滿了挑戰性。將教育上的「該如何」或「可能性」轉化成學校教育上的「能如何」或「真實性」並不是一件容易的事，但我們認為（也希望），在規劃一系列叢書來幫助準教師、初任教師和資深教師去反思其專業、教學和經驗上的努力是有所進展的。我們很高興也很樂意有機會與您分享這些成果，希望您會覺得這一系列叢書是有趣且實用的。

　　我們這兩位作者目前是大學師資培育工作者，都曾經擔任中、小學老師，在市區、小鎮和郊區的小學和中學服務過。我們始終認

為公立學校應該是一個民主的機構，能讓各個不同階層的人均來此
學習如何在民主社會中共同生活。我們兩位在工作與生活上的合作
與努力遠超過既存的現今社會——我們的主要角色是教育工作者，
再來是現實主義者，然後是夢想者。我們堅信會吸引準教師和現職
老師們樂於從事教育工作的心靈、信念與熱情，是來自於它的公平
與誠實。編寫這一系列書籍的用意，並非要說服您用與我們相同的
觀點來看待現今的學校與社會，而是想喚起您也能注意這些身為教
師者應當關注的重要議題。一旦您開始關注，我們希望您能更明確
地表達對學生和家長的觀點、反應與責任，以及能更明瞭在民主社
會中，身為教師所應扮演的角色。

學校教育中社會條件的影響

準教師們須為即將面臨的公立學校教育中的問題與挑戰進行
準備。然而我們在師資培育上的重點，仍著重在教室內與學校圍
牆內的種種議題的了解。許多師資培育學程的焦點都致力於教學
方法的訓練與學習心理學的理解，且著重在實習階段該如何存活
的策略學習。在師資培育過程中有很多重要的元素固然不能忽
視，但教室與學校並非處於與世隔絕的情境，校內所發生的一切
均強烈受到校外發生的事件所影響。學生進入校園，與教師和行
政人員在校園內的作息共同建構了各種文化假定、社會影響和情
境的流動。除非現實的學校生活與學校教育的社會條件，對於這
些假定、影響與流動有一致性的闡述，否則這些未來的教師事實
上是準備不足的。

我們正處於社會與政治遽變的時代。在這個充斥著社會爭議
與政治困境的妥協時代裡，公立學校教育也面臨了更多的挑戰；

我們將看到國內文化人口結構更明顯的改變，也會有更大的壓力加諸於公立學校，試圖將其轉成私人營利事業；我們的教學勞動力也應有更完善的因應之道，未來的教師無法單獨解決許多在學校中所面臨的社會議題，但他們必須知道議題所在，且要對這些議題有自己的信念，並要明瞭這些議題會以各種方式來影響校園——貧窮與富裕、消費主義文化、暴力行為的增加，以及現代生活的工作壓力，都影響著公立學校中的學子們。競爭與優勢、種族與淵源、性別角色與同性戀，以及環境等因素，都對學子們在校內與校外的生活造成影響，所有發生在校外的生活都會同樣影響學生在校內的一切，這點是可以確定的。

檢視學校教育的社會條件

也許著手檢視類似的情境議題，最好的方式是在個人專業準備的早期就該「留意了」——去體驗各種學校教育的社會條件，然後檢視這些經驗與我們對學校教育中相關社會與文化脈絡的了解程度。我們鼓勵準教師和現職教師都能這樣做，但是，目前師資培育的課程卻又經常對探討與檢視這類經驗分享的設計欠缺鼓勵。傳統的社會基礎學課程是典型的非學校本位，脫離了真實、現實與經常陷於兩難的學校教育情境中。在師資培育課程中的社會學或心理學課程，理應是探討與學校議題有關的事項，但我們卻傾向於要培育他們成為心理學家或社會學家，而非身為教師將來可能面臨的重要與高度爭議性的議題。因此，這一系列叢書就是試圖將我們所領悟的，認為有助益的內容與方法傳達給其他的人；對於準教師和現職教師，我們已發展了能檢視與學校教育情境相關議題的方式，且能讓我們本身和學生們都能對這些議題整

合出想要傳遞的想法、信念、理論與感受。

　　當學生和老師在探討有關學校教育因社會與政治的條件所帶來的影響時，其討論過程一定是熱烈且充滿了爭議性；這種論辯活動沒有絕對「對」或「錯」的答案，它們有各種的選擇性，通常也是困難的選擇，對於各種選擇都需要相當程度的討論、潤飾與辯解。為了有助於這類困難且具爭議性議題的討論，我們必須設計適當的教室情境。進行這類討論最好的方式並非用辯論、正式或非正式的論證或公正且冷漠的分析，而是以最有效的方式取而代之，營造一種能讓參與者以不同觀點來進行對話與討論的教室情境。我們並沒有一定的公式能確保這樣的情境發生，但我們認為以下的建議是值得參考的。

　　使用這些素材來挑戰彼此的觀點，進行敏感議題的討論，同時能尊重他人的見解是很重要的，但這不是件簡單任務，這需要進入這個經過設定的教室情境中的每位參與者都能很注意地聆聽其他人的觀點，並以尊重他人的語氣與態度表達個人的看法。這意味著當不同意見產生時（這是無可避免的），每一位參與者都應找出一種不會貶抑或攻擊對方的表達方式。參與者在這類的專業討論中必須能非常自主地說出他們的觀點，而且可以很容易地被他人感受到，這點其實是不太容易做到的。討論爭議性的問題，當情緒被挑起時，我們很容易就會貶抑或忽視他人及其觀點的存在；偶爾，我們還會將論點與對象都棄之不顧。如果使用這些叢書反而促使了這類有損人格般的討論方式，那就是沒有真正了解到這些著作的潛在價值了。

　　我們在這個篇幅所提及的事項，其實應該是在探究教材內容之前就應該進行探討了。我們堅信，當我們把教材內容與教學方法在上課前就仔細考量清楚的話，一定能夠讓參與者產生更正向

積極的態度。從我們過去的經驗發現，教學過程中，教學者刻意與直率地利用這些教材的內容，對於暫停與聚焦在真正的與教法上的議題是很有幫助的。一般而言，花費在這些事務上的時間也是滿多的。

教學與學校教育的理解與個人信念檢視

我們也相信有許多教育議題會吸引和影響我們的頭腦與心靈。教學工作是需要思考和用心感受的，那些能夠省思並感受的教師，將發現他們的工作別具意義，而且他們努力的目標會更易達成。好的教師會找到如何傾聽和統整自己的熱情、信念與判斷的方式。本系列叢書不只是鼓勵將集體反思的結果作陳述，也將提供一種留心個人感受或提供某種關於「膽識」層面的閱讀途徑。

本系列叢書中包含了許多個案和大眾對於該個案所引發的爭論，我們相信那些內容對於你個人感受的處理，以及嘗試去理解那些感受所能告訴你的是什麼，在這個層面上的意義是很重要的。有關閱讀與討論這些教材時所產生的反應，有時候我們可以預測，但有時候卻又讓我們感到驚訝。用一種誠實和率真的態度來關注這些議題，可以讓身為教師的我們能更敏銳的感受與了解我們所處的世界。不只學生帶著期待進入校園，他們的生活經驗都會形成假設，他們的老師亦是如此。無論現職的教師和準教師，都能從思考自己的期待與假設中獲益，但願我們的著作能對促進這樣的反思有所助益。

有關系列叢書

　　本系列的第一本著作《反思教學導論》，向教師們介紹有關於教師反思的觀念，並論及有關學校教育中社會條件的相關議題。在這種概念的基礎上，本系列的第二本著作《文化與教學》（*Culture and Teaching*），鼓勵持續反思並檢視在多元社會中教學時所面臨的議題。後續的作品將利用類似的省思方法來檢視主要的教育議題，並更深入地探討我們對於教學的了解。探討的主題涵蓋了性別與教學；故事、素養與教學；在語言多元的社會中教學，以及民主與教學。各著作的組織架構是根據投稿者、著作內容，和我們認為可以鼓勵反思實務進行的條件而有所不同，但各著作卻仍是以廣泛的社會情境與條件來反省檢視教育的實務，為其主要關心的層面。

系列叢書謝辭

　　對本系列叢書在構想和執行面上有兩位非常重要的人物，一位是Kathleen Keller，她是我們在St. Martin出版社時的首位編輯，是她最初建議我們在《師資培育與學校教育的社會條件》（Liston & Zeichner, 1991）中發展這些想法的。Kathleen在開始的階段給了我們很大的幫助。另一位是我們最摯愛的，也是目前Lawrence Erlbaum公司的編輯Naomi Silverman，她總是非常耐心且一貫熟練地提醒我們該注意的大方向和小細節。我們衷心地感謝Kathleen 和 Naomi。

Kenneth M. Zeichner

Daniel P. Liston

序

　　本書為本系列「反思教學與學校教育的社會條件」中的第一本著作，旨在幫助各位能更進一步理解有關反思教學的全貌。在本書中，我們描述了有關反思教師、被動教師與教書匠間對教學的假設與信念上的區別，以及記錄在師資培育學程中，與學校內有關推動反思教學的歷史過程。我們也提供了如何區別反思教學與其他教學之不同的相關認識。因我們相信身為教師，須經由反思才能讓我們的教學更有技巧、更有能力成為更好的教師；因此，我們以反思教學作為本系列叢書開始切入的重點。好的教師形形色色，好的教學也一樣來自於各種不同的套裝組合與形式。儘管有些類型的反思要我們將焦點放在教學的內容上，有些則著重在學生和他們的學習上，或者有些則強調我們教學的情境，但它們在反思教學的概念上並不相互排斥，只不過在重點、程度和形式上有所不同而已。雖然在反思教學概念上有所不同，它們卻都強調去檢視我們對教學的思維與理解的重要性，以及當我們在教學上付出努力時的真正價值所在。

　　本書與本系列叢書的宗旨，在幫助各位能在民主社會中的教育目標下，進行相關主題與議題的探討，並找到自己的定位。在本書中，我們把反思教學當作主題，並提出許多相關的議題。本書分為六章：第一章，我們提出反省式與機械式教學基本的差異，並點出一些有關反思教學的議題。第二章，我們將介紹兩位有關反思的重要提倡者，分別是二十世紀早期的教育思想

家 John Dewey 與麻省理工學院的Donald Schon教授，並藉以發展我們對於反思教學的思想基礎。第三章，將以Dewey和Schon的思想基礎，對挪威的兩位師資培育工作者Gunnar Handal 和Per Lauvas所提出之教師實踐理論的架構進行闡述。在本章中，我們將檢視教師的經驗、知識與價值觀在反思教學上所扮演的角色。第四章，我們將連結教師實踐理論與教師實務工作來探討反思教學的概念。透過這四章，我們將提出許多規劃好的問題來指引各位對於教學的假設和信念。

在闡明反思教學特性之後，我們將從所謂反思教學的傳統這個不同的面向繼續探討。第五章，我們將概述傳統的意義，並用極為簡潔的方式說明五項反思教學的傳統。每個人在談論反思教學時，或多或少都會呈現一些不同的面貌，也因此，經常會針對他們本身對於教學的理解，而提出不同的強調重點和方向。正如前面曾經提及的，有些人特別重視所教的內容與如何將內容傳遞給學生的反思，我們稱之為反思教學的**學術性傳統**；有些人主張我們應該思考的是，如何有效地傳遞知識，並能利用研究本位的教學方式，我們視這樣的主張為在反思教學中對**社會效能**的強調；另外，還有屬於**發展主義者的觀點**，強調對學習者的思考與理解、文化與語言背景、興趣和其工作準備上的反思；其他如導引教師關注於社會正義、民主與公平者，我們稱之為**社會重構主義者**方法之反思教學；最後則是我們稱之為**一般傳統**的反思教學，這個取向則只是在思考教學的重要性。

第六章，我們將利用小故事的方式，來闡明每一種反思教學方法背後的細微差異，並且對各種不同反思教學方法中重要的元素進行討論。在這最後一章中，我們要求你能對這些描述教師在其工作上反思的小故事做出回應，這有助於你對反思教學概念能

形成自己的主張。

我們視本書的內容為強化與傳達反思教學概念的重要介紹，它是介紹教學的豐富性與複雜性的一種方式，但是如果你開始於此卻又結束於此的話，我們會擔心你對於反思教學與學校教育的社會條件的初步理解將非常有限。後續的著作〔如：《文化與教學》、《性別與教學》（*Gender and Teaching*）、《故事、素養與教學》（*Stories, Literacy, and Teaching*）、《在語文多元的社會中教學》（*Teaching in a Language Diverse Society*）和《民主與教學》（*Democracy and Teaching*）〕將透過特別的主題或一些設定的議題，並不要求每個人都能對那些不同議題進行反思，進而激盪出對教學的理解。我們希望這本書能提供一個基礎，你可從中再更深入探討有關在教室和學校中，教師與學生每天的生活與其所面對的各項議題。

致　謝

我們要感謝Todd Dinkelman、Nancy Pauly和 Doreen Ross 對我們的初稿所給予的意見，非常實用。另外，Landon Beyer、Martha Tevis和Walter Ullrich 閱讀了全部的內容並給予評論，由於他們的建議，使本書得以改進。我們也要特別感謝Naomi Silverman在這計畫的過程中始終非常地支持，而且能極度理解與寬容我們因外在環境的壓力而被迫延遲了原來的交稿期限。

Kenneth M. Zeichner
Daniel P. Liston

第一章 了解反思教學

基本差異：反思教學與技術教學

- 如何分辨反思教學與非反思教學？
- 是否真有非反思教師？
- 若您對教學進行反思，可否加強教學能力？
- 反思教學會成為劣質教學嗎？

對多數人而言，**反思教學**這個名詞乍聽之下似乎有點多餘。它引出以下的問題：在教學過程中，不需要思考嗎？此種思考等同於對教學的反思嗎？這些問題正是我們要探討的部分。在後續的討論中，我們認為並非所有關於教學的思考皆可視為反思教學。假設一位教師從不質疑他在教學中的目標與價值、教學內容，或者從不檢視其假設，那麼我們就可以認定他的教學並不屬於反思教學。此項看法係架構於反思教學與技術教學上的差異。為了要辨別此兩者最基本的差異，我們首先將描述一個教學情境，接著提供二位教師對於該情境的想法。我們就從情境描述開始。

一位實習老師的教學案例

年紀約三十出頭的白人準教師——Rachel，在一個充斥各人種與經濟活動的都市中，以實習老師的身分帶了四年級的學生，為期八週。在過去幾個星期以來，她和實習指導老師為了

班上的六位同學感到苦惱（其中有五位是來自於不同膚色的低收入家庭），這幾位學生並不熱衷每天四十分鐘的自由選修課程活動，他們可能只坐在位子上，什麼都不做；有時則會互相爭執或和其他同學發生衝突，或干擾其他同學。Rachel的實習指導老師——Sue，長期以來，一直覺得同學們應該有機會自由選修活動。雖然Sue並非真正質疑教學價值，但她對於學生，以及自己無法改變現況的事實，覺得心有餘而力不足。Sue和Rachel在星期五下課後，有一股強烈想要找出解決方法的念頭。她們利用週末的時間思考，星期一回來後再一起討論彼此的想法和建議。

將教師視為技術人員

一開始，Rachel試著了解，她應如何處理學生們干擾他人及表現不佳的情形。她著重在想出方法讓學生了解，違逆教師的規定時可能產生的後果。Rachel記得在大學時代的教學法課程裡，曾學過果斷紀律方案，因此想嘗試這樣的新方式，是否能加強對這些學生的行為約束。她認為，她的學生們只是不了解自身行為所代表的涵義，而運用此種果斷紀律方案，可能會建立一種根據學生的行為表現所建構的鼓勵和處罰。雖然她不想成為班上的「黑臉」，但她也了解，若不加以要求、制裁和處罰不適當的行為，將造成教室裡無法控制的局面，她認為若她和Sue想要達到成效，就必須「嚴格執行」。

將教師視為反思實踐者

　　在每週五下午的教學研討中，Rachel開始看到困難重重的「問題」。她發現一個怪異的現象——她和Sue所定義的那些搗蛋的學生，事實上只是少部分來自於較貧困社經背景的孩童，她卻從來不曾想過背後所代表的涵義。在她們的班上，有來自於不同人種與社會階層的學生們。雖然Rachel想要利用一些教學方式來協助這六位同學，使他們更能善用自己的學習時間，並減少學生之間發生衝突的可能性；她同時也開始反問自己，在這樣一個混雜多種文化背景的班級中，該運用何種架構較為恰當。她記得先前曾看過一篇Delpit（1986）所寫的文章，作者提出，並非所有的孩童都能從「開明的」以孩童為中心，以及漸進式的指令中學習；而教導不同膚色的學生們，教師必須找出最「適合」，以及對所有學生都能產生作用的方式。Rachel希望能在自由選修活動中，以孩童為中心的方式進行，但她必須提供其他的方式以增加學生們的選擇性。Rachel開始為那六位同學設計一種可讓他們也投入其中的方式，並觀察這些學生在個別學習期間的活動。

評 論

　　在第一次將教師視為技術人員的簡介中，Rachel列出了學生們的行為問題與其問題所在，並開始找尋方案或技巧來糾正這六位同學的偏差行為。雖然Rachel是以整個班級著想，但她的想法事實上卻是來自於一些固定的假設中——她假設在這樣的情況下不會產生問題，她認為問題是「單獨存在於學生方

面」，她並沒有試著檢視教室環境，以及不同背景的學生們與環境之間的不同互動。她也沒有仔細思考在她所設計的解決方案中，所具備的目標或價值。在這樣的情形下，Rachel並沒有改變學生活動的方式，她只是想要改變學生的行為。

在第二個案例中，Rachel開始檢視她自己的動機與形成問題的脈絡。接著，她對手邊的一個特殊情境設計了介入的方式，但這樣的方式無法完全地解決問題。Rachel不受制在這些固定假設中，她對於以孩童為中心的方式，以及這樣的方式在教學情境中的意義提出了疑問。在第二個實例中，Rachel重新架構了學生們在自習課的自由度，並希望此種方式能改善學生們的學習與行為表現。

Rachel運用技術人員模式時，她了解到問題所在，並試著加以解決。當她在運用這個模式時，行為不正的學生們就成了問題的所在，但當Rachel以反思實踐者的角度制定條件時，她開始尋找能夠提出問題的方式，並試著了解不同的情形。她同時也對自己的信念和方針提出疑問。在以下的部分，我們仍然認為以技術方式來思考教學是不適當的，這是一種局限的方式，最終我們發現它無法解決教育問題。雖然仍有許多不同方式可達到反思教學的效益，但以我們的觀點看來，將教師視為技術人員的方式並不屬於其中之一。

談反思教學

- 你接受過的師資培育課程，是否讓你成為會質疑教學目標、課程及學校環境的教師？或是讓你在設計與批判課程時，扮演主動的角色？抑或你會思考使用不同的教學策略？
- 當你思考班級問題時，你是否試著以不同的「觀點」來觀察？
- 你認為教師應該在課程發展、方案建立以及學校改革上扮演領導者的角色，或只是安分地完成平常的教學？

在過去十年當中，全球許多教師、師資培育工作者及教育研究者都高喊著反思教學的口號。此種在教學與師資培育上的全球化運動，可被認為是對過去將教師視為技術人員，只會狹隘地將教學架構在教師們於教室內所面對的問題，以及少部分學生問題而發展出的反省思考；此種將教師視為反思實踐者的方式，也拒絕了過去在教育改革中，總以教師為導管，進行由上而下的課程設計與規劃的觀念。反思教學的提倡者們認為──「教師一直被定位為課程知識中的消費者，卻沒有足夠的技能發展或批判知識」（Paris, 1993, p. 149）。將教師視為反思實踐者，係假設教師對其相關教學方式中，可兼具提問與解決問題的角色。每天、每一小時、甚至每一分鐘，教師們都

努力要解決在課堂中所產生的問題;他們解決問題的方式,取決於他們如何提出或「架構」問題。反思教師會思考如何架構問題,並解決手邊的問題。

表面上看來,反思教學實踐運動意味著教師必須主動規劃其工作目標與結果、檢視其價值與假設,以及必須在課程發展與學校改革上扮演領導者的角色。反思同樣也意味有關教學新知的產生,並非只是學院、大學,以及研究與發展中心的專業;教師也有自己的想法、信念及理論,足夠可提供所有的教師達成更好的教學品質。

即使在目前這樣一個高唱透過教師反思,以達到教師增能目的的同時,我們仍然看到教育研究機構對於教師這行業的知識普遍缺乏尊重。這些機構試圖為所謂的「知識庫」下定義,卻又排除教師們本身的聲音與見解。Lytle與Cochran-Smith(1990)曾說:

> 教師們的聲音、他們所提出的問題與疑難、所運用來陳述並改善教學的架構,以及對於自身工作的定義與了解的方式,在教學研究的文獻中並未加以記錄。(p. 83)

這些空白的部分必須補上教師們的聲音。Lytle與Cochran-Smith提出了這樣的爭議,而我們也同意這樣的說法。由於教師們在課堂上是直接參與的角色,他們可提出其他外部研究者無法了解的複雜教學觀點。雖然,相較於每天在學校工作的人群,外部研究者對學校所提出的論點,不將所有的事情視為理

所當然，但此刻教育研究社群應認知並考慮到這項議題，以及教師們和其他在學校工作的職員的知識所代表的意義。

除了無法看出在教育研究中包含了由教師產出的知識外，在許多人員發展上以及學校改革活動裡，仍忽略了學校教師們所具備的知識與專業，依舊仰賴由上而下的學校改革模式為主，並強迫教師們應遵照執行外部以及對於學校問題所發展出的研究解決方案。這些所謂教育解決方案與絕竅的販售，雖然大部分屬於「江湖術士」的產品，卻仍在今日的市場中廣受歡迎。儘管所有的教育改革文獻不斷地告訴我們，這些無益於改革的成果只是純粹把教師作為傳達其他人觀點的媒介，卻仍然是商機無限。

這些研究的模式與人員發展的共同點是，教學觀點中都具有官僚政治的特性。其中有一個看法認為，教育改革的關鍵在於：「給教師明確的步驟來遵行，而非發展教師們對於學生與學科內容認知上的批判能力。」（Darling-Hammond, 1994, p. 5）對照於此種官僚政治觀點，則是將教師視為反思實踐者，體認教師們在教學中所必須具備的專業，也就是Schon（1983）所稱的「**行動中的知識**」。從教師個人的觀點來看，這代表了解與改善教學的過程，必須先透過對於自己教學經驗的反思開始，並從中得到「智慧」，或因此驗證相關研究結果的空洞。

反思並非只是教育改革的口號，也是一種認知；即教學的學習過程是持續進行於整個教師生涯中，它也意味無論師資培育課程有多麼盡善盡美，都只是為教師準備好教學的開始而已。在運用了反思教學的概念後，教師們會開始將管理與技巧

加以內化、用來研究其教學、呈現更好教學品質，並可培育其對於個人專業發展的責任感。此種具有責任感的假設即為反思教師們所應具備的核心思維。

首先我們對於反思教學的了解，將其定調為五項主要特色，也是我們在本書中擬進一步發展的部分。反思教師：

- 檢視、架構並試著解決課堂實務中所遇到的難題
- 對教學充分地了解並質疑其假設與價值
- 留意教學中的制度與文化背景
- 參與課程發展以及學校改革
- 對其專業發展負責

雖然我們認為上述都是反思教師不可或缺的特質，但並非每個人都同意這種論述，同時也不是所有人都了解這些觀點所具備的意涵。

反思教學的浪潮

在教師應為反思實踐者的思維快速擴張的當下，也同時產生了在運用反思教學時，對於其真正內涵的疑惑，以及這樣的思維是否須加以支持等疑問。儘管那些高喊反思教學口號的人，對於教師們在學校改革以及對其在課堂上的工作目標抱持著特定的想法；但在現實中，並沒有人可對身為反思實踐者的

教師們，在其教學上的作法提出明確的保證。值得注意的是，那些提倡反思教學的人，在教學觀點、學習、學校教育，以及社會秩序上的觀點其實有著很大的差異。事實上，現在必須探討的是，所有與這些議題有關的信念都已經融入反思教學的討論當中。許多師資培育工作者，無論其本身之教育取向為何，也都搭上了反思教學的流行浪潮，並投入反思教學實踐研究中，打算藉此拓展一些個人願景。根據Calderhead（1989）所陳述：

> 反思教學的意義已從道德責任至技術效能領域的辯論，反思也已經與師資培育課程結合，且如同作為運用行為技巧方法時的分歧性一樣；反思被視為為了完成某種特定實務的一種方式，就致力於批判性科學研究而言，反思則是朝向解放與專業自主的一種手段。（p. 43）

我們的目的並非鼓勵你也跟上這股潮流，雖然我們深信反思教學活動勢將風起雲湧並帶來更多的效益，但我們也不能忽略其中可能導致的議題。其中一個核心議題是，這個術語的空泛與模糊性，以及在反思教學中可能產生的誤解。是否對進行反思教學的教師們的教學進行觀照？教師們對於一項行動的支持，源於他們已經進行了系統性的思考？我們對這兩個問題的回答都是否定的；在本書中，我們也將對反思教學運動隱含的危險性詳加闡述。在說明了教師身為反思實踐者與技術人員的差別，以及陳述了關於反思教學的五項主要特色後，我們將開始闡述我們認為最強而有力的反思教學所必備的信念。

第二章 反思教學的歷史根源

在我們探討反思教學之際，首先，討論John Dewey（1904/ 1965, 1933, 1938）對於此項思潮的貢獻。身為二十世紀教育哲學家，Dewey在教育思維的貢獻有著舉足輕重的份量。他是美國首批教育理論家之一，將教師視為反思實踐者，並認為教師們在課程發展，以及教育改革中，應扮演積極主動的角色。以Dewey的論點為基礎，我們接下來要探討Donald Schon（1983, 1987）的作品，及其對於反思實踐的了解。Schon撰寫了大量關於反思實踐的作品，並強調將其運用於各種領域上，其中更包括了建築和醫學領域。在討論了Dewey和Schon的貢獻後，我們將討論近代關於反思教學的文獻。我們的目的並非為了對反思的概念做徹底的回顧，是為了有別於其他的教學觀點，而對反思教學提出更為中肯的辯護。

Dewey的貢獻：何謂反思教學？

根據Dewey的說法，教師反思的過程必須從遇到困難、麻煩的事件，或是無法立即處理的經驗開始，這也是Hugh Munby和Tom Russell（1990）所稱的「**實踐的迷惑**」。基於其中所包含的不確定性以及困難度，造成教師們對於經驗分析的卻步不前。此種卻步的情形可能會發生在行動中，或是完成之後。

Dewey試圖對教師們說明反思教學的概念，大部分都可由他的著作《我們如何思考》（*How WE Think*）中一窺究竟（Dewey, 1933）。在Dewey的書中，對於例行行動以及反思行

動做了重要的區別。根據Dewey的說法，例行行動通常係以一
時的念頭、傳統以及權威為主導方式。在每個學校中，都存有
對於現實問題認為理所當然的想法，或是存有集體規約，規定
著在達成目標過程中可能出現的問題、目標以及方法（例如：
「這就是我們在學校做事的方式」）。由於整個體系中並未發
生過重大的分歧，所以這樣的體系就被認定為沒有問題，並成
為其他觀點認知與試驗的障礙。

　　根據Dewey的說法，對於自己的教學沒有進行反思的教師
們，通常對於學校每天的例行公事照單全收，並自集體規約中
找尋最有效率的方法來解決問題。這些教師們通常會忽略對於
事實的洞察力，並將每天的生活視為宇宙中所有可行方式中的
唯一方式。他們對於自己的目的與想要達到的成果通常一知半
解，自然而然地形成了代言者的角色，卻遺忘了架構問題的方
式不只一種。不會反思的教師們很自然地接受了在某種情境下
所能接受的普遍觀點。

　　Dewey將反思行動定義為，依據所持的理由以及其將導致
的後果，對所有信念或實踐行為用積極、持續以及謹慎的態度
予以考量。根據Dewey的說法，反思並非由教師運用的一連串
步驟所組成。更確切地說，這是一種遇到問題和回應問題的
方式，以及學習當教師的一種方式。同樣地反思行動，不僅是
一種包括邏輯與理性解決問題的過程，也包含了直覺、情緒以
及熱情，它並非只是可以輕易整理而供教師使用的技巧而已
（Greene, 1986）。

我們必須強調它完整的特質。我們當中有許多人憑著強烈想要改善孩童學習條件的動機，而投身於教育工作中。我們深信自己可為學生的生活帶來不同的刺激。當我們思考著自己課堂中的學生時，必須多方聆聽他們的意見，並接受各種不同的聲音，我們必須運用我們的腦、心、推理能力和情感見解。教學的技巧有許多的根源與資源，我們不應漠視，同時也不可過度加以限制。反思行動與例行行動相反，必須投入理性與情感；而Dewey所提出的三種態度即構成了反思行動：心胸開闊、責任感以及全神貫注。

心胸開闊

心胸開闊包含一種主動期待多種意見的慾望、全心留意各種其他的可能性，以及認知與我們最親近的信念都有產生錯誤的可能性。心胸開闊的教師可以自然且正確的角度來檢視理念，並共同合作找出互相矛盾的證據。反思教師們會不斷捫心自問自己為何而做，以及自己正在做什麼。

Dewey對於心胸開闊的概念可與社會學家C. Wright Mills的信念與信徒理念做有效的比較。Mills提出三種信徒：一般大眾、專業人士和批判人士（Valli, 1993）。一般大眾信徒沒有興趣聆聽不同的論點、不願意分析其信念，只遵照標語以及陳規；專業人士信徒則願意聆聽不同的論點，但他們的目的是要去反駁，因此，他們仍不能接受自己的信念是有缺陷的可能性。然而，批判性信徒對於不同的論點則願意委身聆聽，因為他們了解所有的信念系統有其缺陷，並且可透過不同信念的結合而獲得改善。Dewey的心胸開闊概念與Mills的批判信徒概念

有部分類似之處。心胸開闊則可接受有關於學生、學習以及學校教育其不同作法上的優點與限制。心胸開闊的人並不會侷限於一種觀點，且他們也不會以敵對的方式看待其他觀點，他們會傾聽並接受自己與他人觀點中的優、缺點。

責任感

根據Dewey的說法，第二個反思行動的先決條件是負責任的態度，其中包括了對於行為所導致之後果的考量。負責任的教師會捫心自問自己為何而做？以及做了什麼？而非考慮這樣的作法是否會產生即時的功效（即是否有用？），而來決定其運作的方式、為何運作，以及為誰運作。

此種責任感態度，包括了思考至少三種教學的結果：(a)個人結果——教學對於學生自我概念的影響；(b)學術結果——教學對於學生智能發展的影響，以及(c)社會與政治結果——教學對於不同學生學習機會的預計影響（有關這三種論點的細節請參照Pollard & Tann, 1993）。

反思的責任感包括了對於這些部分的檢視，並非只提出是否達到其目的或目標之類的狹隘問題。此種負責任態度必須包括對教學無法預測結果之反思，因為即使身處於最佳的教學環境中，仍可能產生一些未能預期的結果。反思教師們會透過提出更多問題，像是「這樣的結果對於學生們是好的嗎？」等問題來評估自己的教學方式，而非只注重「是否達到我的目標？」

全神貫注

根據Dewey的說法，反思所需要的第三項態度為全神貫注。在這個部分，他認為心胸開闊和責任感必須成為反思教師專業生活中的核心要素。全神貫注的教師們都會定期檢視自己的假設、理念以及結果，並抱持著可以學到新事物的態度來因應所有面臨的境遇。身為教師，他們會不斷地了解自己的教學方式，以及其對於學生們所帶來的影響，他們也會從不同的觀點來檢視情境，並盡最大的努力。具備了心胸開闊、責任感，以及全神貫注的態度，再加上觀察與分析的技巧，就架構出Dewey所認為的反思教師。反思是：

> 將我們從一念之間與例行的活動中解放出來……讓我們以具展望的方式來進行，並根據我們所認知的目標觀點來加以規劃。如此，可讓我們充分了解自己在行動中所扮演的角色。（Dewey, 1933, p. 17）

然而，了解自己的角色並不能確保我們永遠成功，也不能確保我們能吸引和感動學生，或者確保我們能遊走於幾近洞察我們自己、我們的學生，或者學校社群的境界。

反思教師也是會犯錯的普通人，並非萬能的超人，他們只是不怕失敗地對學生進行教誨，以及對自身的教育理想做出承諾。當他們犯錯時，並不會對自己過於苛責，他們會繼續努力。心胸開闊、有責任感，以及全神貫注的個性，可使他們對於自己的教學抱著批判與支持性的檢視。

- 作為一位學生，你是否可看出你的教師們具有這些特質？作為一位實習教師，你是否可從自己身上或是同事身上看出這些特質？
- 教室與學校的結構，對於教師反思上會有何種阻礙？

反思與教學壓力

■ 某些人認為教學既要求過多又太複雜，所以無法期望教師們對其教學工作進行反思？你認為呢？

Dewey對於反思教學概念的想法似乎有點理想化，且偏離了真實教師工作的複雜與不確定性。畢竟，若讓人有選擇的空間，就不會考慮做一位反思教師。到底在教室中的情形是如何忙碌與複雜呢？常有人提到教室是一個步調很快，而且無法預測的環境，而老師們每天必須做出上百個決定。在教室中有著許多的限制，更增加老師們工作上的複雜性，例如：時間不足、教師面對過多的學生，以及來自於必修課程與其他廣泛定義的課程上壓力，這樣的結果經常讓教師無法有時間做出反思，因為他們處在步調很快以及限制性很多的教室環境中。

這樣的說法對反思教學的批判是否適當呢？我們並不這麼認為。Dewey不認為反思教師必須時時刻刻對所有事都要有所回應，總是陷入沈思的教師並不恰當，也不太可能。Dewey想要說的是，在反思與慣例間、在想法與行動間的平衡點。每

天的課堂活動中還是需要一些慣例來進行生活管理，若沒有慣例、確定的假設，我們將無法採取行動，也無法提出回應。某些平衡點必須透過對於慣例的仰賴與對假設的檢視而引導我們的行動。Dewey提出教師必須要盲目地駁斥一般事實，以及盲目地屈從一般事實找到平衡點。對於Dewey而言，若無法對於所接收的事實抱持著質疑的態度，就是所謂的盲目，但若無時無刻都質疑所有的事情，就會變成傲慢。當然，某些情況也會想得太過複雜，例如，當我們發現很難達成明確的結論時，而無助地徘徊於許多選擇當中。但是，如果說只因教室的忙碌與複雜會使教師們無法反思，那可就是扭曲了Dewey所說的反思實踐。

　　目前的問題是：教師們是否會、或者在何種情形下，他們會因為他人、衝動或慣例而做出決定，卻不是因為他們認為正確而做出決定。另外，他們是否對於自己所做的事有充分的了解；許多擁抱Dewey思想的人認為教師必須為反思實踐者，將教師視為教育的領導者，這樣的教師可被他人學習，在某些情形下也可指引方向，但試問對那些最終仍被驅離於教室門外的學生而言，又有何意義呢？已故的英國學者Lawrence Stenhouse曾詳細地描述此種介於內在與外在交織緊繃的教師生活，進而也為支持Dewey所提倡的反思行動找到了著力點。

　　　優秀的教師在專業判斷上必須有必要的自主權。他們不需要別人告知該如何做，他們也不完全遵守研究者（或計畫負責人）、改革者及主管的規定。但這並非指他們不喜歡其他人的意見，也不是指他們不會

採納別人的建議、諮詢或支援。但是他們很清楚，在沒有經過消化且訴諸於教師自身的判斷前，對這些想法和這些人的意見並不會真正地加以運用。總之，這是從教室內到教室外的所有教育工作者都應肩負的責任，因為唯有他們才能創造優良的教學。（Ruddick & Hopkins, 1985, p. 104）

・好好地思考這段話，你同意嗎？從Stenhouse的論點中，對於你自己的教學有什麼啟發？

　　就歷史與概念上而言，Dewey提供了我們對於反思教學了解的基礎。他的觀點架構是促成我們對於反思教學了解上的重要部分。心胸開闊、有責任感，以及全神貫注，是反思教師們的主要特質。但如果我們只停駐在Dewey的論點中，並無法對於反思得到全然的了解。Dewey的說明對於指引我們走到正確的方向確實有很大的助益，但仍有其他的人，特別是Schon，他懷抱著反思實踐的概念，並幫助我們更清楚地了解反思實踐如何在我們日常生活中運作。

Schon：「對行動反思」與「行動中反思」

　　另一位在反思實踐運動上具有十足影響力的思想家是麻省理工學院的Schon。在他的書《反思實踐者》（*The Reflective Practitioner*）中（Schon, 1983），對主導了二十世紀大部分的專業實踐之工具理性提出了十分完整的批判。在此我們並未對其批判加以描述，而是針對其在對反思實踐上的了解進行說明。根據Schon說法，反思可以用二個時期的架構來討論。首先，反思可能會發生在行為之前或之後，這也是他所說的「**對行動反思**」（reflection-on-action）。在教學上，對行動反思會發生在我們規劃與思考課程之前，以及發生在教學之後，而反思的情形同樣會發生在行動期間。一般說來，教師們在認真面對情境時，就會有一些反思性的對話，因為他們想要立即形成架構並解決問題。在教學期間，我們通常會遇到一些無法預期的學生反應或看法。當我們在教學時，會試著去調整我們的教學，並處理這些反應。Schon稱之為「**行動中反思**」（reflec-tion-in-action）。Schon主張反思實踐者可以「對行動」，以及在「行動中」做出反思。

　　這些關於「對行動」，以及「行動中」反思的概念，係建立在對理論與實踐知識了解的觀點之上，這和傳統上一直處於主導地位的教育論述有很大的不同。在傳統的工具理性觀點中，理論與實踐通常是分開的狀態，也一直是需要突破的部

分。通常會認為理論只有在大學與研發中心才能習得，而學校只是提供實踐場域。根據這樣的觀點，教師的工作必須在學校教學中運用在大學所習得的理論，但是教師通常對於理論上應嵌入教師實踐中，即Schon所說的「**行動中的知識**」，卻沒有太大的認知。

Schon主張將外部研究所獲得的理論運用到專業實踐的脈絡時，對於教師們所面對工作中的「沼澤地帶」等重大的問題，事實上並無法提出具體的協助。他寫道：

> 在各種不同專業實踐的地形圖中，有種高硬的平原地帶，對於實踐者而言，有許多研究為主的理論及技術可善加運用。但也有「沼澤地帶」的情況，這些令人困擾的情境卻無法運用技術解決。困難處在於無論研究理論中的技術多麼多元與豐富，相對而言高硬的平原地帶對一般大眾社會或顧客是比較不重要的，他們最關心的還是所謂「沼澤」部分。（Schon 1983, p. 42）

- 你同意這樣的說法嗎？
- 這樣的說法對於教師與在學院、大學以及研發中心所進行的教育研究的關係中，具有何種意涵？

根據Schon的說法，我們知道如何自發性地進行活動、理解以及判斷，並不需要在教學前或教學期間思考此類問題。我們通常並不自知自己擁有這樣的能力，我們只是發現自己這樣做了，所以無法在行動中表現出對這種能力的察覺。對反思教

學概念進行思考的其中一種方式，是必須學會運用平常未察覺
的內隱知識。在了解這個部分後，我們可進行批判、檢視，並
加以改善。反思教學的觀點以及教學理論化的模式，其中的意
義即為我們運用此類無法言喻的理解和對其批判的過程（El-
liot, 1991）。

- 你在課堂中會不自覺地運用什麼？
- 若有位學生因為其他學生的緣故而生氣、哭泣，並難過
  地跑來找你，你第一個反應為何？你還會有什麼其他的
  反應？你會因為學生（或他們父母）在性別、種族，或
  社會階層背景的不同，而有不同的回應嗎？

除了教師們日積月累的「行動中的知識」之外，教師們在
規劃教學和教學期間，也會不斷地建立各種知識。教師們在教
室中所運用的策略，必須包含了解教學價值的實踐理論。教師
每天的教學實踐其實就是各種不同理論的呈現。當教師們在
課堂中遇到了難題，其實他們也正在進行理論化的過程。通常，
這些問題是因為教師們對於課程的期望，以及與實際結果所存
在的分歧所導致。在許多方面，當教師對於閱讀課和數學課中
的表現一如預期或不如預期理想時，所形成的個人理論，就正
如大學教授對於研究閱讀教育所形成的大眾理論是一樣的。

- 你同意這樣的教育理論嗎？為什麼？
- 基於自己或其他教師的經驗所建立的教育理論，你可以
  舉例嗎？這樣的經驗理論在教育文獻裡，和大眾理論有
  何關聯？

問題的架構與再架構

Schon提出了反思實踐者的重要性，例如：教師們根據自己的工作環境資料，不斷地架構出問題所在。根據Schon的說法，反思實踐者運用了「對行動反思」以及「行動中反思」作為反思機制，持續不斷地由經驗中發展以及學習。Schon認為，透過反思而架構經驗的過程中，包括了問題的設定以及問題解決。誠如Schon（1983）所指出，在現實生活方式中：

> 問題並不會很明顯地呈現在反思實踐者的面前，而是必須透過問題在情境中的條件來加以架構。問題可能是令人煩惱的、麻煩的，或充滿不確定性。當我們設定問題時，挑選了自己會執行的處理方式，設定界限並建立了一定的連貫性以分辨出錯誤的部分，以及明白在何種情境必須以何種方式做改變。問題的設定過程包括我們交互地將參與的事情加以命名，並架構出所呈現的環境。（p. 40）

根據Schon說法，實踐者持續地在行動前、後與行動中反思，並透過螺旋式的評估、行動以及再評估的過程中不斷學習。反思實踐者可透過在經驗中所習得的價值觀、知識、理論以及實踐，來詮釋並架構（評估）他們的經驗。Schon將這些技能稱之為「**評估系統**」。接著，在行為期間或行為之後，他們會根據其經驗加以解釋與架構，並進行改變。當教師投入此種重新架構過程時，會以新的觀點來檢視經驗。Munby和Russell（1990）描述了此種過程的重要性：

重新架構係指對於某些令人困惑的事情，忽然間有一
種截然不同的「新」領悟，並可提出新的解決方案。
此種重新架構的重要性在於能以不同的觀點看待原來
的困惑，這樣的情形經常都以不合乎邏輯與幾乎超越
我們意識掌控的形式出現。（p. 116）

　　在第一章中曾談論過這種情境的案例，Rachel是任職於該
多元文化小學的實習老師。起初，Rachel認為六位學生表現不
佳的問題只是一般學生的偏差行為之一而已。經過了每週實習
教師研討會意見交流與討論後，強調了該情境中不同種族與社
會階層的問題。Rachel開始思考這些文化上的流動性，並開始
構思她的工作，希望能提供不同文化背景的同學們其他與文化
相關的教學模式。Rachel開始列出了各種重要的現象：這樣的
情形並不單純地由學生所引起，也會因環境特色而受到影響。
她也開始構思不同的情境：問題不只侷限於學生不好的行為，
她開始觀察對於特定學生所運用的策略是否恰當。她再根據
Lisa Delpit（1986）的文章中所提的架構，觀察自己與她的實
習指導老師對於學生選擇的注重有何差異，她也因此「察覺」
到了在情境上的不同。為了取代用嚴格紀律的方式處理學生行
為上的問題，她想出了另一種方法，可以協助學生做出選擇，
並指導他們善用時間。對於Rachel和其他反思教師而言，解釋
並架構出自身學習經驗的過程以及再次解釋與架構，即為反思
教學的核心要素。
　　此種再次解釋與架構過程中的一部分，某些人認為是一種
頗富禪意的「專注力」。Robert Tremmel（1993）認為，Schon

的反思實踐觀念中有一個主要特質，即特別強調教師在可視為
教學實踐實驗室的教室中，應注意其當下的作為，以及同時扮
演研究者與藝術家的角色。Tremmel將此種專注力與禪修專注
力的部分畫上了等號，他將此種行為視為「專注於此地此刻，
並全心全意地投注於當下」的能力（p. 443）。Tremmel提出
學習專注力的藝術，不只是要了解周遭，更要注意內在，因為
它是專注力必要的元素，同時也是反思教學的重點所在。他更
進一步建議在設定問題以及重新架構的過程中，留神也是一個
很重要的元素。

批判Schon的概念

反思：單一或對話的活動

　　雖然Schon對於全球發展反思教學實踐上做了很大的努
力，但他的論點仍受到了某些批判。首先，有人認為Schon
缺乏對於教師在教學上有關推論及對話面向的關注（Day,
1993）。雖然他強調反思對話是教師們在教學時的談話，以及
教師試著要教導初學者的對話，但是，Schon並沒有談論到教
師以及其他專家們該如何定期對其工作進行雙向反思。除了視
導的情境外，Schon所提出的反思是種單一的過程，只涉及教
師個人的情境，卻沒有將其視為在一個學習社群中的社會過
程。但是，近來許多有關反思教學的作品，多提出反思是一種
社會實踐的觀點，並認為在其論點中若沒加入社會觀點，則教
師們的發展空間會受到抑制（Solomon, 1987）。

由於在我們行為模式中根深柢固的觀念，有時很難對
自己的行為用批判的觀點加以檢視。基於這樣的原
因，在合作環境中所產生的分析可替大家開啟另一扇
學習的大門。（Osterman & Kottkamp, 1993, p. 25）

對我們的行為發展出「批判性」的觀點，需要具備Dewey
在一個世紀前所強調的心胸開闊、責任感和全神貫注，以及
Osterman與Kottkamp所強調的合作與合作環境。而在此種合
作與合作環境的背後隱含了一項重要元素——信任。在Dewey
的推崇下與Schon所描述的反思實踐裡，教學是一種強烈個人
色彩與具挑戰性的努力。對於長存理念提出質疑、檢視我們行
為所帶來的後果，以及努力參與教學必然會得到回饋，但其中
必須付出極大的努力。參與這種與別人共同檢視的活動，在彼
此的對話中，最需要的就是信任。沒有這些夥伴，缺乏這些信
任時，則我們在教學上的反思將會有很大的限制。

- 你是否有參與討論時，讓你重新思考並改變對事物觀點
  的實際經驗？相反地，是否曾經有過任何在小組討論時
  讓你感到不舒服，而停止了對自己理念或觀點的檢視？
  你是否可以開始描述任何經驗的特色或要素，而它可協
  助你了解這些正向或負向「批判」的對話？
- 若你是現職教師或準教師，小組情境是如何協助你澄清
  並發展自己的理念？

反思如同情境脈絡

　　另一項對於Schon論點的批判是，有人認為Schon對於教學實踐的部分，較著重於個人層面，卻沒有注意到架構以及影響教學的社會條件。這裡的爭議在於，若只專注於教師教學的部分，則Schon所提倡的是一種對於教學機構的條件，以及教師們角色上的順從回應。我們也同意評論家的說法，即教師們不應只針對其內在之教學模式，也要注重外部方面其社會條件，即其對於改變上所做出的行動計畫必須同時努力地去改善其個人教學與環境兩個層面。Israel Scheffler（1968）認為，若教師們想要避免被貼上官僚以及技術人員的傳統印象，而想成為反思教師而非技術教師，則必須對其工作有著遠大的視野，而非只專注在自己教學部分：

> 　教師不可將注意力全放在課堂上，而放手讓別人決定
> 學校教育的設計與目的。他們必須對其目標和其社會
> 環境抱持著積極的責任感。若他們不想只成為其他
> 人、國家、軍隊、媒體、專家以及官僚的代理人，他
> 們必須透過對於目的、結果以及社會背景的評估與批
> 判，來決定自己所屬的動力。（p. 11）

- 你同意／不同意Scheffler的立場？若你和Scheffler一樣，認為教師必須考慮到教室以外的環境，那麼他們會遇到什麼瓶頸？
- 當教師們想要「透過對於目的、結果，以及社會背景的評估與批判，做自己的主人」時，會產生什麼阻礙？

・若你不同意Scheffler對於教師在環境中的觀點，那麼你
對於教師角色的認知為何？

從以前的小學教師到目前的大學師資培育工作者，以及身
為公立學校學生的父母親，我們完全支持Scheffler對於教師角
色所持的概念。事實上，我們大部分的工作，都是透過將教
師概念的「擴張」而產生動機並引導出方向。我們擔心若沒有
這樣的概念，將會因為其他不同的意見而貶低了教學專業。事
實上，我們不斷聽到有人主張專家應該明確告訴教師所要教的
事物以及教學的方式；我們的方式並非闡述教師在課堂中的職
責，而是認為教師應與校園內的人員共同合作，再加入父母與
大眾的力量，對莘莘學子們提供更好的教學品質。我們不能再
忍受或保留一直以來在教師概念中，「排除」了父母與大眾的
參與（Lightfoot, 1978）；我們一直以來也不應再容忍，不斷
地重複說明教師在教室中所扮演的角色。假若教師能成為積極
和有效率的反思實踐者，就可建立一個集體合作的環境。雖然
此種概念聽起來有點不切實際，卻是真實存在著。以下是一個
這樣的範例[1]。

1980年代，在威斯康辛州Milwaukee的一群國小教師們，
共同加入一個結合當地家長所組成的團體，並對於Milwaukee
公立學校將其鄰近的Fratney Street 小學改建為「示範教學中
心」的計畫提出反對的意見。學校行政人員想要招攬「特級教
師」，並讓遇到困難的教師們可來這裡學習由Madeline Hunter

---

1 其他在民主社會中學校與社區結合而致力於達成教育目標的例子（例如，教育所有
的學生達到同樣的高水平），可以參見附錄A這裡所描述有關Fratney小學的例子與
列於附錄中的校園省思有關。

所發展出的教學技巧。Madeline Hunter是一位教育家，她因「需求廣泛的『教師－論證』之教學法」而聞名（Peterson, 1993, p. 48）。但對於勞動階層的家長們，以及被要求加入的學校都不喜歡這個提議，他們認為這樣會讓他們的孩子成為教學上的「白老鼠」，這也意味著他們自己所提出的「雙語交流、全語言、多元文化、環境管理、鄰居、特殊學校」的提案將被忽視。隨後而來的是一項訴訟案，經過了八週的努力後，「新的Fratney夥伴學校」贏得了勝利。

　　Fratney小學的一位五年級老師Robert Peterson（1993），在他的一篇文章中，描述有關如何取得Fratney的過程，並說明在獲得勝利過程中他們所學到的四課。就我們的目的而言，其中有一課尤其重要。Peterson認為：「在達到目的的過程中，需要獲得多數家長的支持。」

　　　　這樣的說法，是延伸了pizza資金募集者，以及戶外教學中義工的理念。核心需求包括了能力、資源以及參與。家長們是否在學校期間發揮了所有能力？家長們是否每天都參與學校與課堂生活？在學校裡是否有足夠的資源，使家長們可以有良好組織？Fratney的經驗顯示，學校在規劃課程、預算、設備更新，以及人員分配上都需要家長的參與。

　　　　然而，家長的參與卻也會造成矛盾的現象，因為家長的觀點並不一定是正確的。事實上，從過往的歷史看來，家長一直都扮演著矛盾的角色，有時候會為受壓迫者的權利而奮鬥，而有時候又贊同禁書以及學校禱

告文，並反對平等、廢除種族隔離和進化論教學。但是，最根本的問題是，家長們所運用的是何種政策？學校管理者要如何一面傾聽家長的心聲，又同時能抱持其對於教育學生的重大使命感？

同樣地，教師推動事務並不代表其提議一定要如同教育政策。在都市中，教學人員通常都是白人，而大部分的學生也是白人，某些教師與學校機構的觀點可能會挾帶著種族主義，以及階級偏見。教師們必須從貧困的家長身上學習，因為這些家長有著教師們所缺乏的文化體認。（Peterson, 1993, pp. 63-64）

　　我們先前曾提到Scheffler的論點，而我們也同意反思教師們「對於目標以及其社會背景必須要投注積極的責任感」（p. 11）。當反思教師們思索著課堂中的學習情境時，也必須考慮到學校、社區，以及較大的社會環境對於學習可能的促進或阻礙。Fratney學校的例子顯示了此種對於學習的反思，可適度地延伸學校的責任感，同時也可以將這個活動加以擴大，走出學校的環境，並用來檢視地方與政府在特定教育上所做的努力。

結語

　　Schon對於反思的概念確實值得推崇，他對於「對行動反思」和「行動中反思」以及相伴而來的評估、行動和再評估的精神，更有助於對Dewey思想的本質與結構的理解。然而，我們仍認為有兩個特色必須加入；首先，雖然反思可視為單獨且具高度個人主義，但也可透過和他人的溝通與對話來提升。第二，反思需要注重的並不只是課堂的部分，也必須注重教學與訓練的環境；對此種環境的體認，可充分了解到所有的決定與考慮都應由學校所有成員一同參與。在我們針對這些延伸討論之前，首先必須發展對反思教學更細微的理解，我們必須回歸到反思教學的結構與本質。在這個討論當中，我們舉出二位挪威師資培育者Handal和Lauvas的作品，並提供其中許多精闢的見解。在下一章中，我們將討論他們作品的與其所提出的貢獻。

第三章 教師實踐理論

　　根據Schon的概念，教師透過「評估系統」來感受世界並進行實踐，接下來我們要檢視教師「評估系統」（個人與實踐理論）的本質與來源，以及這些經常屬於內隱式理解的知識與教師實踐之間的關係。為了能夠了解並引導我們的教學實踐，我們必須了解自己的信念與本身對教學實踐的理解。絕大部分的教學都是奠基於教師的自我以及教師對於世界的感知。若教師在貧窮的鄉村或在市中心的學校任教，他就會相信貧窮的原因通常是來自於惰性，而教師也可由學生和其家庭中嗅出惰性的因子；若教師認為最佳學習是建立在嚴苛的規範與紀律時，他對於自己的學生就會有一定程度上的紀律要求；若教師認為教室應呈現出「家」的感覺，他就必須在課堂上運用一些不一樣的上課方式，在這樣的情形下，教師對於「家」的印象則會取決於自己的生長環境，但這與學生的想法也可能有所出入。基於上述這些理由，我們將焦點轉移到教師們的信念與理解上，以及如何了解理念與實踐之間的關係。

　　自1980年代起，對教師個人、課堂實務和其在生活中的經驗知識已逐漸引起大家的注意（Claudinin, Davies, Hogan, & Kennard, 1993）。有關於協助架構教師的工作，以及教師對於由外部形成的理論與觀點的解讀，對於這些評估系統，有很多不同的名稱，包括：教師個人實踐理論（Connelly & Clandinin, 1988）、實踐理論（Handal & Lauvas, 1987）、教師的策略知識（Shulman, 1986）、實踐知識（Elbaz, 1983），以及教學隱喻（Bullough, Knowles, & Crow, 1992）。無論是用何種名稱來形容教師的理解或理論，我們可以很明顯地看出，所有投入師資培育計畫與學校中的教師們，都抱持著與其教學實踐

相關的信念、假設、價值觀、知識以及經驗。此外，我們也可清楚地看出，無論是教師實踐理論，或教師對於學生、學習、學校、以及社區所持的假設及信念，當教師們在行動前後與行動期間進行反思時，同樣也會不斷地形成，以及再次被檢驗。

以Handal和Lauvas的架構認識教師實踐理論的本源

二位挪威的師資培育工作者Gunnar Handal和Per Lauvas（1987），針對了解教師實踐理論結構的部分，發展出一項非常有用的架構，並在這些理論中提出三項不同的要素。他們認為對於教師實踐理論的了解，其實夾雜了個人經驗、知識傳遞以及核心價值。他們也認為，儘管了解這些教師實踐理論中的各項要素可帶來很大幫助，但必須強調的是，這些充其量也只是有用的分析架構，而透過這三項要素的互動與混合，將自然而然地構成教師所謂的實踐理論；也就是說，經驗所代表的涵義雖然高度依賴個人的中心價值、個人經驗，以及其所吸收之知識，但也並非全然由其決定。舉例來說，我可將學生的「爆發行為」當作是他活力的表現，或者將其視為學生無法控制自己的行為。若我重視自發性，我可能只會將其視為活力的表徵；但若我重視的是自我控制能力，則我就會認為是學生無法自我控制。此外，一個人會如何解讀與接收資訊，事實上，與他先前的經驗與本身的價值觀有很大的關係。舉例來說，在小

學科學師資培育課程中傾聽關於發現學習的說明時，可能會將其視同只是我在師資培育課程中另一個高度理想化的例子而已，或者將其視為一個很有效的教學策略範例：這些都和先前的經驗與價值觀密不可分。但Handal和Lauvas提出了一項我們也同意的說法，即為了能了解教師反思中潛在的本質和內涵，對於這三項分類：經驗、知識以及價值觀先行了解應該是有幫助的。我們先闡述他們對於個人經驗的概念，接著再談談他們對於Dewey有關於經驗角色的評論之理解為何。

個人經驗

首先，討論教師們在一些情境上的個人經驗。所有成年人都有各種不同的生活經驗，其中也包括了教育經驗，例如，曾經是學生、從事不同角色的教師，以及身為家長的身分等等。事實上，作為準教師和正式教師的我們已有超過十二年以上的班級經驗，因此，架構了許多與教師、其他學生、校規與學校結構、行政人員以及課外活動課程所累積的經驗。這些教學經驗再加上其他數不清的人生經驗，構成了教師實踐理論中的「經驗」基礎。而這些「素材」也是當我們在思考教學模式時，最常參考的標的。

> 舉例來說，我（Liston）可以回想國小與國中時期的老師、上課的經驗，以及這些經驗如何影響我現在的作為。事實上，在中學的期間，我遇到了三位不同的老師，他們有著不同於其他人的教學風格，而這樣的風格也持續影響著現在的我。Karl Keener博士是一

位中規中矩的社會研究與公民老師，在其身為荷裔賓州人的背景下，形成了一種有距離感但卻彬彬有禮的上課氣氛；他的教室環境有條有理，也形成了他授課的風格、教師引導的討論模式，以及做筆記的方式。在那些經驗中，我學到了探究的價值；它教導了我：社會科學研究應闡明過往以及目前的社會問題，而這樣的探究方式是需要紀律與努力的。他的教學也讓我學到教師可以是很正統，也同時可以很優雅。Keener博士藉由其嚴格的態度與期望感動了許多的學生，他是位十分受人尊敬的老師，也同時受到同事與學生的愛戴。在他非常正式的教學風格下，他談論精神生活，並對於學生們非常關心。接著是在中學教我文學課的Goodell老師，他常沒刮鬍子就來上課，也常漫無目的地談論一些昨晚作夢的內容。他會談論這些經驗的意涵，並將這樣的經驗灌輸給班上的同學們；我們通常很自由地討論，而他也常想到什麼就說什麼。他對於教學內容的期望並不多，但他本身是個生命力的展現——一位總是用心思考卻又不按牌理出牌的老師。在Goodell老師身上，我了解到思考自己經驗的價值，以及用一種不加以限制的方法來思考，我知道這樣的思考模式可能很痛苦與困難，而且這樣的方式也可能無法由學生或同事中取得應有的支持與了解。最後一位是我的數學老師Jones。他常會花十到十五分鐘的時間，口頭譴責一些他認為「偏激」的人（通常是我），或是批評一些目前學校、當地社區或國家

大事等；當他提出這些話題時，並沒有讓學生有討論的空間。同樣地，他的數學教學也沒有讓學生有獨立解決疑難的空間；作為一位學生，我認為他的方式是權威且渺視人權的。所以，當我成為老師後，除非和討論的議題有關，我不會在課堂中闡述自己的政治觀點，我也會鼓勵學生們能多提問題並且一同解決問題。作為學生，我有諸多此類和老師們學習的經驗，這些經驗有助於架構我對於教師們的應為與可為、在教室中的應為與可為，以及可以建立不同形態的學習環境，能有一定的了解和期待。

　　個人過去的經驗和在師資培育課程中所修習與教學的經驗，對進一步發展個別的教師實踐理論會產生很大的差異性。在某些師資培育課程中，學生們被要求觀察公立學校環境中的教師與學生，並同時被要求教授「觀摩教學」；這些經驗與我們過往當學生的經驗將會對我們產生一定影響，並塑造我們在教學上的方式與架構。Handal和Lauvas（1987）針對準教師們在師資培育課程中所累積的經驗，提出這樣的看法：

　　　至少，這樣的教學實踐是我們曾經參與的教學情境和扮演過的角色一項「未加工」的經驗。而更理想的情況是，它也可以讓我們了解教學情境與實習老師在其中所扮演的角色，以及對事情總是如何發展的了解；或甚至可透過此種特殊的經驗，更了解在教學中的一般現象。（p. 10）

　　每個人都可從自己的經驗中學到許多不同的體驗。我們從中所學到的程度，以及透過這些經驗塑造的實踐理論都會有很大的不同。

　　Dewey認為雖然在學校的第一手經驗對於教師的培育很重要，但並非所有經驗都必然是有益的。他描述了有關對學習者有教育意義以及沒有教育意義之經驗的差別。他寫道：

> 認為真正的教育是來自於經驗之信念，並不意味所有的經驗都是真實且同樣富有教育性。經驗和教育並不能畫上等號，因為某些經驗並沒有教育性。任何沒有教育性的經驗，都會抑制或扭曲新經驗的成長。（Dewey, 1938, p. 25）

　　Dewey（1904/1965）批判了在他求學時期，師資培育的傾向過於注重教師的立即成效，而忽略了有能力與有心往教育路上繼續成長的學生做準備。

> 實務工作主要的關注面向，應在於培養教育專業的學生，使其成為考慮更周詳並具警覺性的教育者，以及其在過程中的反應，而非只想看到學生在短期中的成效。除非教師是⋯⋯在學校管理的機制中，學生也許可以持續改善，但他無法成長成為教師、啟發者兼心靈導師。（p. 151）

　　我們曾經有過的經驗⋯⋯即我們進入師資培育計畫、在計

畫中的那些遭遇，以及我們之後身為教師的經驗，提供了我們相關的背景，讓我們了解自己是誰，以及身為教師的我們將會如何思考、感受與計畫。我們對於那些經驗所思考的程度，以及那些經驗可架構出未來事件的程度，並讓我們持續成長成為心思細密的教師，就某種程度而言，就是構成了我們對於反思的理解。

- 在Dewey對於即時成效與長期發展中的差別，你認為在你自己的師資培育學程上的重點為何？注重即時成效？或是教師的長期發展？
- 你對於在自己的學程的重點感受為何？為什麼？
- 你過往的教育經驗如何告知並引導你了解自己身為教師的角色？
- 你遇過哪些令你印象深刻的教師？哪些教師的教學方式至今仍對你影響很大？

知識傳遞

　　根據Handal和Lauvas的說法，教師實踐理論的第二個要素是知識傳遞，以及理解由其他人所傳達的觀點。除了對於自身的經驗以外，我們也採用其他人的知識與觀點。透過觀察別人的行為、傾聽以及與他們的交談、閱讀書籍、觀賞影片、居住於特殊文化與次文化地區等，這些都潛在地促成我們的實踐理論。在師資培育計畫中，我們傾聽大學講師與現職教師的意見，我們也閱讀關於教學基礎與方法的文章。對於現職教師，Handal與Lauvas（1987）解釋知識傳遞的範疇包括：

參與我們教職員會議的訪問教師，描述其在教授特殊
科目或學科內容的方式，由資深作家所累積的課程書
籍，利用很短時間安撫遇到學習困難學生的觀念做
法，這些都是用來「強化」我們「理論」的方式。但
是在這些項目中，卻沒有一個是我們自身在實際情境
中的個人經驗，雖然此類相關經驗可讓這些貢獻更具
意義與價值。（p. 11）

正如Handal與Lauvas所言，此種傳播性知識的部分也包括
了概念、種類、理論以及所抱持的信念，這些都是透過個人、
媒體以及我們身處的世界來加以傳遞。誠如個人經驗一般，知
識傳遞對於教師的實踐理論有許多不同的影響。

・試著思考一下在你自己教學情境中的知識傳遞。是否有
　某些傳達的知識，對於你架構以及了解自己和學生與學
　校上似乎特別有效用？

在知識傳遞、理解以及我們的實踐之間的關係可謂既簡單
又複雜。某些知識通常會被視為格言或是規則，有一句差勁的
教育格言中規定：「在聖誕節之前不准歡笑」；這裡所指的是
教師們一開始就必須將自己塑造為權威性的角色，所以為了避
免減弱教師的權威，必須禁止可能拉近距離的歡笑。而在特
定的實踐中，也傳達了其他的知識；舉例來說，某些人認為
如果教師要為學生架構經驗時，以發現為本位的自然科教學模
式是最有效的方式（Bielenberg, 1995）。若沒有教師一開始的

介紹，學生可能會迷失於課程的涵義，而其他的知識也會間接
再度檢視我們的一些基本假設。Shirley Brice Heath（1983）研
究運用文化差異的問題，鼓勵教師重新檢視其對於問題的運
用，以及這樣的運用對於不同學生造成的不同影響。若學生
在上課中不習慣間接命令式問題（例如：「你為何不放下鉛
筆？」），也許無法馬上了解這個命令或問題的意義，所以會
迷惑地看著教師。Heath的人種誌研究有助於我們了解某些教
室內的互動，以及教師和學生對此互動的解讀。

　　Gary Fenstermacher（1980）是密西根大學教育系一位教
育哲學家，他廣泛地撰寫了關於教師與教師實踐之其他可能關
係的研究報告。他對於之前的三種關係有更深入的描述。他
寫道：教師們可以詮釋外部所傳遞的知識——即將之視為是規
則、證據以及網領。

　　首先，教師們可將外在知識解讀為實踐中的處方或規則。
此種對於傳遞知識的方法通常會用在師資培育課程中，以及對
於教師的人員發展上。Fenstermacher提出將此種外在知識與教
師實踐連結的方式，不應視為主要的策略，因為這種方式否定
了教師自由思考以及獨立行動的這個部分。

- 你認為你的師資培育計畫是否試著傳達對你教學上規
  定？
- 若是的話，你得到何種方式上的規定？
- 你對這樣方式感覺為何？
- 你認為哪些規定對你而言是有用的，而哪些是沒有用
  的？

第二種連結外在知識與教師實踐的方式是當教師利用外在知識來測試其信念時的應用。在這時的外在知識是根據外在知識對於其本身經驗與價值觀的評估，用來作為協助教師接受、拒絕以及修正其信念的證明。舉例來說，某些教育上的研究可能會提出一些問題，這些問題可能在學校中經常出現，藉以讓教師重新思考他們視為理所當然的正確作法。舉例來說，David Berliner（1987）列出一些案例，並在其研究中提出一些反直覺性的證據，促使教育者與大眾能夠再度檢視其信念，他的聲明如下：

> 在這些發現中，有一個是關於目前的思考——是為了幫助那些目前課業表現不佳的學生。學校正面臨所謂「社會升級」的輿論攻擊；因此，在這個國家裡，有許多學生並沒有完成他們的學業。但是，研究的結果卻直接否定了這樣的趨勢。研究中指出，若有二位孩童沒有通過國小課業，而你決定讓其中一個留級，另一個升級，經過一年後，升級的那位學生所學的會比被留級的那位多15%。此外，留級那位學生會有較低的自我概念，在學校也會有較差的整體態度；而且個人調適能力也較差。預估會有一百萬個孩童基於其未完成學業就無法升級的理念，將會受到留級的處分。這樣的邏輯聽來有道理，但並沒有研究予以支持。（p. 17）

另一項Berliner所討論的反直覺研究範例是，年幼的孩童

需要有更多成功的肯定，才能更投入學業上。根據Berliner
（1987）的說法，「許多人認為孩童們在『拉緊』的狀態下才
會學習，所以需要更多的困難，這也許是因為成人從錯誤中學
習的機會並不少於成功的機會的緣故」（pp. 17-18）。但是，
Berliner指出，這個議題的研究十分明確，孩童們在一至五年
級時，「若他們的功課和練習簿有90%以上的成功率，且在課
堂上所詢問的問題和背誦有80%以上完整回答」（p. 18），那
麼學生們表現就會比較好。某些知識可用來作為支持或反對教
室實踐的運用。

　　最後，教師可利用外在知識作為基模（或組織架構），
協助他們對於先前相關特定描述與解釋釐清不了解的部分。
David Johnson和Roger Johnson（1994）在連結基模上做了很大
的努力，他們鼓勵教師們在規劃教學時，要思考關於合作、競
爭以及個人的目標結構。**目標結構**的概念對於許多正在思索著
如何準備教學活動的準教師與現職教師提供了許多協助，可讓
他們為個別、合作以及競爭性的工作做出更為謹慎的規劃。

價值觀

　　根據Handal和Lauvas的教師實踐理論，第三項要素是價值
觀，也就是我們對於生活中對與錯的分辨，在教育上還有特別
的定義。

　　　我們要談論的價值觀是關於一般倫理或哲學上關於
　　　「良好生活」的部分（舉例來說，有意義的人生通
　　　常比豐富的人生更受到推崇），他們可能是政治價值

（像是民主、價值觀的傳遞、自由與影響力），或與
教育有直接關係者（例如，平等受教機會、根據每個
人的文化受教育等）。（Handal & Lauvas, 1987, p. 12）

　　注重和教室相關的價值觀，某些人認為，教師應以孩童的
福利與興趣作為第一考量。對於這些人而言，教育應以孩童為
中心；而其他的人則將焦點放在學生應學習的內容、知識，以
及技巧，對於這些人而言，教育必須以傳遞知識為目的，因為
知識是非常重要的。而關於多元文化部分，某些教育者深信，
建立共同文化與核心信念共享是公立學校的基本目標；也有人
認為這樣的焦點只會加重壓迫感，並剝奪那些不屬於美國主流
社會中的公民權益。

　　以價值觀為本位反應的範例很常見。大部分的教師們對
於環境都有著明確的價值觀反應，這些價值觀都非常具有競爭
性與合作性，也有對於權威關係價值上的態度。有些人認為我
們的學校太過於競爭，這樣的環境會對孩子們成長的空間造成
一定的傷害。其他人則認為，雖然我們並不想要建立艱困的環
境，但我們仍需要讓學生對於未來競爭激烈的世界有所準備，
這些人認為，沒有了競爭，也就無法達到優秀的標準。這些價
值觀使我們對於自己經驗的解讀與回應，以及我們如何看待與
檢視知識傳遞，帶來一定程度的影響，最後也會影響我們的教
學以及與學生和同事間的互動。

　　根據Handal和Lauvas的說法，教師實踐理論的三項要素：
個人經驗、知識傳遞以及價值觀，對於決定理論的內容比重與
相對重要性並不相同。他們認為價值觀居於主導的地位，但並

非建立實踐理論的唯一影響因素,因為我們都是透過它對所有
事物進行解讀。他們寫道:

> 我們從心理學上得知的價值觀,對於感受我們自己的
> 經驗,以及感受並接收他人想法有著很大的影響力。
> 我們根據好與壞的基準,將所接收之印象分類、刪除
> 與合併、解讀與扭曲。類似的結構影響我們的新經
> 驗……係透過先前的經驗所建立。
> 這樣的結果,使我們能根據自己的價值觀以及先前經
> 驗所建立之觀點,對於他人所傳遞的知識有所體認與
> 運用。因此,我們所擁有的價值觀,無論是直接或間
> 接地,在架構我們實踐理論中都有著重要的影響力。
> 此外,當我們很努力地根據傳遞給我們的架構、概念
> 以及理論進行自己的實踐時,可能會讓我們本身的價
> 值觀與理念有某種程度的改變。(Handal & Lauvas,
> 1987,p. 12)

　　有些人並不贊同Handal與Lauvas對於在教師實踐理論與後
續教學中所提出價值觀角色的論點,他們認為基於學校的現實
面,以及教師們實際工作的條件,教師通常很少仰賴他們自己
的經驗與價值觀,反而工作場所的影響力較大。Susan Rosen-
holtz(1989)總結這項觀點寫道:

> 我們很不認同教師的態度、認知與行為這種屬於個人
> 特質的東西,對工作場所的影響力會小於工作場所這

個社會組織本身。社會組織並非由個別的教師角色所組成，但教師卻是協助形塑社會的角色；教師們的感知與行為會對社會組織帶來一定的影響力。（p. 4）

關於教室實務的不變性，Larry Cuban（1984）也提出了許多的證據，因為教師們的工作內容（例如：班級大小）向來都很類似。我們不打算解決有關教師實踐理論與社會情境改變教師實踐上相對比重的爭論；我們也無法事先衡量影響教師實踐理論中，經驗、知識，以及價值觀的比重。但教師們的實踐理論在其每天教學之中卻是很重要的元素，而教師的先前經驗、知識以及價值觀也確實會影響其教學。所以，當我們更進一步思考反思教學時，教師實踐理論的重要性就似乎非常清楚了。

- 在你的人生中，有哪些重要的經驗（包括所接收的知識）影響到你目前對於教學以及身為教師的想法？
- 有哪些重要的價值觀構成你在教學上的方法？
- 你認為在教師工作的本質當中，有哪些主要的面向在教學實踐中是一直固定不變的？

結 語

　　到目前為止，我們對於反思教學的討論已由Dewey對於反思命題的闡述，到Schon對於行動前、後與行動中遞迴反思過程的概念，再轉換到了目前Handal與Lauvas對於教師實踐理論要素與來源的觀點，即他們所謂的評估系統。在這個闡述中，我們試著由反思教學的一般典型，轉換成反思教學中更為特殊與微妙的特色。從心胸開闊、全神貫注，以及責任感的命題，到對行動與行動中的反思概念，透過轉化評估系統架構與再架構我們的經驗，接著則是評估系統在個人經驗、知識傳遞以及價值觀中所紮根的本源，讓我們試著清楚地勾勒出反思教學的特色。反思教師了解其教學實踐的核心為其個人的實踐理論，但同樣地，也很容易受工作環境而影響到本身的行為。反思教學闡明了對於個人信念、經驗、態度、知識、價值觀，以及教師工作所在的社會條件中的機會與限制之認知、檢視、省思。現在我們要轉向反思教學中其他重要的特色；在下一章中，我們將開始討論反思教師的其他特色，並嘗試將教師理論與教師實踐一起帶進反思教學概念的概念中。

第四章　描述與連結教師
理論與實踐：
反思的本質

　　我們應謹記，教師的實踐理論係由經驗、知識傳遞以及價值觀所建立而成。但有時候，這樣精確的分析並無法準確地了解教師每天生活的感受。本章中，我們將描述並連結教師們的理論與實踐；教師理論的概念可用隱喻與意象的方式呈現，也是最接近反思真實性的一種途徑，我們將在本章的第一部分加以提出。對於教師反思真實性的另一項關注問題是，我們必須處理以人為方式將思想與行動，以及理論和實踐分開。我們先前曾提及反思通常會出現於行動前、後與行動中，在本章的第二部分，我們將深入探討建構教師實踐的方式；由於反思發生時的社會情境也是我們主要的關注議題之一，我們將強調社會情境如何影響教師反思的幾種方式。最後，在第四部分，我們會列出明確的反思層級，嘗試將教師理論與其實踐連結在一起。但願這些對教師反思更擴大理解的討論，更可拉近教師理論與教師實踐的概念。

有關教師實踐理論不同的描述

　　除了不同來源的實踐理論之外，教師實踐理論也包括了不同種類的知識，並可以各種不同方式加以呈現。舉例來說，Freema Elbaz（1983）宣稱教師的實踐知識（或理論），是在於關注個人的知識、教學的周圍環境或背景、學科內容、課程發展以及教學。Elbaz的說法強調了在教學中的各項知識類型，主要係對於以教室為焦點相關知識，以及對環境脈絡上的理

解。教師實踐知識內容的描述，某部分係建立在學校教育中的「四項老生常談」的概念上（教師、學習者、學科內容以及環境；Schwab, 1971），並提出教師必須了解對其實踐理論有貢獻的各類不同知識，以及它們可能呈現的各種形式。

教師實踐理論通常以意象或是隱喻的方式加以表達，其與在命題知識中的邏輯－理性模式不同。命題知識或多或少包括了對於教學與學校教育中正確與否的主張。命題知識通常會用在論證當中，用來說服別人所應具備的信念和行為。對照於命題的主張，意象和隱喻通常不用於論辯的目的，而是傾向於提醒的作用。根據Bullough等人（1992）「隱喻包含了身為教師與其專業認同所應具有的意象或概念」（p. 7）。事實上，Munby和Russell（1990）也同意Bullough等人的看法，認為當教師在談論其教學時，隱喻會以教師的自然語言出現。而Munby和Russell的聲明中，部分是以經驗性觀察與認知成長為基礎，認為人類思想是以隱喻為主（Lakoff & Johnson, 1980）。教師實踐理論的行動中的知識若以命題知識的字句加以闡述，則無法呈現出最完整的意涵。

Michael Connelly和Jean Clandinin（1988）將教師實踐知識視為重要的意象與個人的敘事。在提出教師的意象是實踐知識中的基本要素時，他們也對意象提出了說明：

它係存在於我們的經驗當中，由身為人的我們將其具象化，並在我們的實踐與行動當中呈現並扮演角色。情境會喚起我們在經驗故事中的意象，而這些意象又可引導我們未來的作為。意象必須由過去的經驗累積

而來,形成有意義的思路並與現在結合。意象也可刻意走向未來,從意象的觀點,將過去經驗與未來預期情境創造出新而有意義連結的思路。因此,意象可謂我們過往情境的一部分,再加上我們目前的作為,而將引導我們未來的走向。這樣的意象中包括了情緒、道德觀,以及審美觀。(p. 60)

Connelly和Clandinin並不認同將教師實踐知識視為一項座右銘或「該如何做」的規定,他們認為此種實踐知識交織著豐富的意象、經驗、理解,以及引導與傳達教師行為的個人故事。

最近,許多師資培育工作者檢視準教師與現職教師,就身為一位教育者所持有的意象與隱喻,並將隱喻作為一種捷思的方法,藉以幫助教師能夠更明瞭本身的教學身分。他們主張反思發生在檢視個人教學隱喻中,其中涉及Schon所提及的重新架構經驗的過程。舉例來說,Hermine Marshall(1990)提出:

教師可能會發現對於一些問題(實踐上的)的新觀點和解決方式,並透過他們感受問題並產生另外的隱喻,重新再加以架構,最終能改善學習環境。(p. 129)

常被教師用來描述其教學方式的隱喻範例有:教學如同園藝與播種、教室像家,以及學校宛如社區。Connelly和Clandinin發現教師和校長的作為，在某些部分是以其意象與隱喻為基礎；由於將教學視為「播種」，教師從行動中得到了實踐的指導方針，她覺得有正當理由讓孩童選擇自己的活動，因為她知道「他們會學得更興味盎然」（Connelly & Clandinin, 1988, pp. 65-66）。她也喜歡提供學生一些她的想法，但不是要他們去做相同的事。另一個認為教室像家的教師，主張教室和家一樣，應該是培育生命的地方。對於這位教師而言，在她的家和教室中，每天都有「不斷成長的事物」。而對於另一位特別的校長，Connelly和Clandinin（1988）則認為他的意象是：

> 「社區」，學校本身就是一個社區，同樣地，也是廣大社區中的一部分，在其中有著動態的關係。這個「社區」的意象是Phil（這位校長）個人生命故事的一致性呈現。連結Phil對於「社區」的意象到其不間斷的故事脈絡中，構成了這個故事的一致性。這些脈絡可由Phil在多倫多市區的童年與學校經驗、在多倫多島上的孩童經歷，以及他在學校中的首次教學經歷可見一斑。（p. 76）

- 你會用何種隱喻來描述自己的教學方法？你是否可回想自己在教學時，反映出此類隱喻的例子？
- 你認為自己的教學隱喻是否會根據年級的不同、學校情境，或是所教科目的不同而有所改變？
- 你是否在其他教室裡觀察其他教師作為中，推斷出其隱喻的方式？

　　我們通常都會認為只要教師們持續地教學，他們就能夠不斷地發展其實踐理論、意象，以及他們的教學概念。當然，某些教師可以很自然地進行反思，或是處於反思的情境中。有些教師對於自己的實踐理論有很清晰的概念，也有些教師比其他教師更具有發展與描述實踐理論的能力。但是，教師們對於這些意象的表達與反思的程度，也影響了他們會如何檢視與促進其教學的程度。

　　教師在其實踐理論的內容上的確有所不同，無論他們如何發展自己的想法，他們會有不同的價值觀且相信不同的事物（例如：有關於他們本身、學科內容，以及教學的情境脈絡）。先前已提及，教師在對其教學的思考上，會運用明確的意象與隱喻。在學院與大學中所出版的教育文獻描述了有關教師兩極化的差異，像是傳統與激進的教師、以教師為中心與以學生為中心的教師等。事實上，我們是由討論反思教師與技術老師的概念為開始，但教師理論事實上遠比這個複雜。教師通常並不認為自己特別屬於哪一類型，但是透過他們所抱持的理論，可將其同時歸為幾個類型當中。在第五章中，我們將對其進行討論，並提出我們認為有助於思考存在於各類型反思教師之間的差異性方式。

教師的教育理論與實踐

對教師實踐理論差異性上的思考，反映出許多師資培育工作者對於教育理論在來源與場域上思維的改變。舉例來說，Deborah Britzman（1991）提出：

> 我們認為理論化的過程，並非孤立於教學經驗之外的活動，也並非試圖呈現什麼偉大的事實，但卻是一種經歷的關係，建立在每個人的實踐基礎上，且必須仰賴解讀與改變的過程。理論的來源可能來自於教學實踐、教師的人生過程、價值觀、信仰，以及對實踐的確信、環繞於該實踐的社會脈絡，以及能讓教學與學習變得更具生氣的社會關係當中。（p. 50）

Britzman是指教師的實踐理論就像教學一樣，也涵攝在社會實踐當中。教師實踐理論的涵攝觀點，也挑戰了教學中理論與實踐的傳統觀點：探討誰負責教學以及誰負責理論化。傳統師資培育工作者都會將教師實踐列出其考量範圍，但並不加以理論化。重要的是，接受教師為反思實踐者的觀點必須包括在透過教學方式所產生之理論性知識時，對於教師角色的認知。反思的過程是指，教師在其教學當中，能更意識到明確地表達隱含於這些實踐與學科中的實踐理論，並對其加以評論後，才

可視為是教育理論化的成型。此種實踐與個人的理論化方式，提供了校內人士在學校中教與學的觀點，這種觀點是校外人士無法單獨由理論中所得知的。我們絕對不能忽視教育知識的主要來源——教師實踐與個人化理論。我們認為，現在正是將教師的知識視為具有同等價值，並分辨其與大學所生產有關教學的知識之間其細緻差異的最佳時機。同時，現在也是根據教師實踐來檢視他們對於理論知識了解程度的好時機。

　　Gunnar Handal和Lauvas（1987）在其對於反思教學的解釋中，闡述了達成此種針對教師實踐理論與其教學實踐的一種方式。Handal與Lauvas認為，教學統整了教師實踐理論與包括了三個不同實踐階段的日常實際作為（參照圖4.1）。第一個是行動的明顯階段（P1），在這個部分包括：教師步入教室、交待作業、問題解說、提出問題、檢查功課並加以評量。第二個階段（P2）則是規劃與反思，這個部分中，教師思考自己的教學目的，在這個階段的實踐包括了對行動反思的兩個觀點：教師在教學前的想法與準備，以及他們在教學後，想要從行動中有所學習的反思與活動。我們通常會將規劃與對行動反思歸在「思維」範圍當中。但所有任教與準備課程的人都知道，在準備中要包括身體和心靈上的作為，且這是教學中不可或缺的部分。教學裡的第三個階段為倫理考量（P3），教師必須根據其行為來反思關於道德與倫理的部分，並提出如何用行動來關照教室環境或促進平等與正義的相觀問題。此階段大多是針對我們與他人在這類思維上的努力。

　　外顯的教學行為與在規劃這些行為上所花費的時間，以及後續如同實踐階段所描述的關於這些對行為所產生的想法，有

關於這兩者都值得重視。Handal和Lauvas提出了一個我們也贊同的論點，觀察實踐要素的所有面向是十分重要的。階段1裡包括了我們通常會想到的實踐要素，但他們也要我們能夠觀察在教師行動與實踐理論之間無可避免地交織。我們在階段1所做的是先前反思與行動的結果，它將在階段2與階段3中出現。以下簡單說明教學實踐中三個階段的案例。

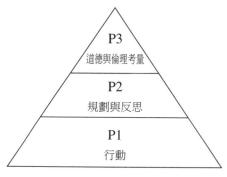

圖4.1　促進反思教學的教學三角

修改自G. Handal & P. Lauvas(1987)*Promoting Reflective Teaching*

Milton Keynes UK: Open University Press

P1階段

　　有二位老師：Cindy Fleener是擔任一班國小三年級數學科的老師；以及Alison Harrison是在中等學校擔任四班七年自然科的老師。

　　Cindy在Kennedy國小已任教四年，她喜歡讓學生以小組的方式進行解決問題的策略與活動，她特別喜歡讓學生們以小組方式來研究問題，鼓勵他們彼此討論並說明理由。舉例來說，當她在一開始教乘法時，常將學生分為四到五人一組，並

提出下列類型的問題：

> 假設Ames先生買了四張海報，每張2元，四幅相
> 框，每幅6.5元，還買了覆蓋四個相框的玻璃，花了
> 八元。請問Ames先生總共要花多少錢？

Cindy接著會讓學生彼此討論解決問題的方法，並要求他們至少用二種不同的方式來解題。在學生解題時，他們可與全班分享解題方式與答案。Cindy鼓勵學生們對步驟與答案提出適當的質疑。

Alison在Stevens 中學已任教六年，她在課堂上的自然教學也採用Cindy的教學方式，著重於解題與實驗演練。在每個單元的第一課，Alison都會教授學生如何操作實驗，並介紹一些可應用在日常生活中的事物。舉例來說，在她教地質學與岩層的形成時，她先進行對於一些特定岩石種類的調查與研究；她讓學生們以四到五人的小組進行研究，並討論岩石的異同處，再要求他們寫出對於這些岩石形成的想法。她也帶來了許多的化石，讓學生們觀察岩石的殘留物與其形成方式。Alison會先講述基本的概念，以協助學生們架構其觀察。在這些練習後，她會指定課本中的材料作為學生的家庭作業以及課堂的課程，她也講授這些材料與相關的地質學主題。

P2階段

Cindy開始進行初階乘法以及其他重要的數學概念，她想要讓學生們用不同的方式來解出數學問題。她相信只要學生們

了解各種數學運算的原理（例如：乘法是一種重複或倍數的群集），學生們就可更深入地探究。她也認為，若她能了解學生們是如何解出這些問題，則她可使學生們更清楚運算的方式。雖然她並不反對記憶乘法表，但她也希望學生們能夠了解基本的運算方式。她有時會因為來自家長希望能以記憶的方式學習感到沮喪，但到目前為止她都調適得很好。

Alison喜歡觀察她的學生們想要了解不同石頭與化石的差異，以及將其「分類」的過程。不同於Cindy利用討論來對乘法運算方式的了解，Alison運用了這種模式，因為這種活動很有趣，能力較好學生們不但可參與，也可「掌控」類似的活動。Alison認為，學生們在加速學習班的課程當中，可用更快的時間了解教材，她也發現這樣一種「實驗性」的方式可將其融入於其他後續的教材當中。Alison也將其對學生所做的岩石活動中的評論與觀察連結在後續的閱讀以及她個人的講課當中。她在其他班級用了此種方式，但學生們卻無法了解此種非架構性活動的本質。所以，她仍繼續將這種方式運用在加速學習的班級當中，且相信這樣的方式有所助益。

P3階段

Cindy的方法並不被某些三年級的老師們接受。事實上，其中有位老師還告訴她，雖然她的方法可能對於部分學生有幫助，但若能根據學生能力分組，對他們而言應該更好。James老師告訴Cindy，他認為Cindy的方式對於一般學生而言是不錯，但是對於數學優異的學生們，以及不了解演算背後的數學邏輯的學生而言，卻沒有幫助。Cindy對這樣的說法不表贊

同,她認為雖然學生們的數學能力並不相等,但八至九歲的學生差異性並不大,她認為所有學生們都應了解數學運算背後的推理才對。她仍記得當她還是學生時,別人總是告訴她,女生對數字比較沒有概念,但這樣的論點在她身上卻不管用。她深信唯一該做對的事,莫過於先假定她的所有學生都能學會教材內容,接著再為他們建立起一個提供他們學習機會的情境。

Alison和Cindy不同,她不相信所有學生的學習能力都相等,也不認為他們可完全學會教材內容。她相信科學並非人人都拿手的科目,也並非每個人都可成為科學家。許多年來,Alison都用同一種方式和同一種內容教育學生。她發現「較有天份」的學生們通常會較為投入動手做的教材內容,而一般的學生們若能多點時間專注在書本與做筆記上,也較不容易讓他們分心。一年前,有一個家長和Alison談起他兒子的情形,他的兒子在修Harrison老師的課之前,對科學一直都抱持著很高的興趣。這位父親認為,Alison的班級是否可以再有多一點的創造力,但Alison卻解釋說,對那種程度的學生而言,是無法進行動手做的實驗課程。那位父親要求Alison是否可以幫他的孩子更改其科學課的上課班級,而她也幫忙安排了。Alison認為如果安置得不適配時(就像那例子),碰到這樣的情況仍有補救的機會。然而,她認為自己鑑別的方式運作良好,也很公平,並且十分符合現實狀況。

這些對於Cindy和Alison的描述,在表面上說明了一種情況,教師們在教學中十分投入且用相似的教學方式;但是一經深入探討,其實又可發現兩位老師對於教學其實有著十分不同的看法。同樣地,當課堂中又有特別類型的學生存在時,這種

差異性會更為明顯。雖然Alison對科學教學的觀點和Cindy十分類似，但她在普通班級的教學時，卻又沒有呈現她自己所特別強調的意義與理解的部分。

・你是否想到有其他教學實踐範例，因不同的原因而衍生不同的道德結果？

如同先前所提及，我們同意Handal及Lauvas的三個階段，這裡也提供了教師教學的案例。階段1符合了在教學實踐中較常接受的概念，但對這三個概念的描述都只是統整於所謂教學實踐中的一部分而已。當使用這種觀點時，我們比較容易看出教師實踐理論是如何存在於實踐當中，以及反思又如何肩負著對實踐與實踐理論進行檢視的責任。

社會情境的影響

雖然教師的實踐會因為其實踐理論而有各種不同的影響（例如：他們的價值觀如何影響其對於課程內容或教學方式的選擇），教師的實踐也明顯受到其工作環境的影響。在教師所能掌控與影響之外的規則、條例和指令，通常對於教師基於其實踐理論所做出的行為有很大的限制。一份在近年來所蒐集的文獻中，特別詳細說明了教師如何受到文化與機構力量的限制，包括透過州部門對學校進行的微管理（Wise, 1979）、書

商的影響力（Apple, 1993）、學區政策對課程、教學以及人員發展的影響（Lieberman & Miller, 1991）、教師工作的結構，包括像是班級大小和短暫的規劃時間（Freedman, Jackson, & Boles, 1983），以及其他在背後努力掌控教學與教師的各式理由與措施等（Popkewitz, 1991）。

所謂教育改革的「第二波」發生於1980年代中期，美其名象徵了由控制教師轉換為授予教師權力（Darling-Hammond & Berry, 1988）。然而，對於教師是否有能力成為學校中的領導角色，並以其專業發展進行適當的介入，事實上仍存有具體的壓力。雖然仍重重困難，教師們仍然根據其實踐理論，以不同的方式對其情境提出解讀並賦予意義，也對於外部影響力仍維持一定程度的掌控。在相關教育改革以及學校重建的文獻中，十分清楚地說明了教師有限的介入，以及有時教師也可能蓄意破壞學校擬藉由外部力量所做的改革。舉例來說，Seymour Sarason（1971）詳細地描述了「新數學」的失敗，以及其他有關「教師－論證」方式之於課程發展及其如何影響到教師實踐。

教師的實踐理論影響其教學方式的一個案例，通常因為在同一所學校的教師，必須相同面對由州、學區與學校政策所帶來的限制與機會。他們會以不同的方式來解讀相同的事實，對於其他的可能性也會有不同的意見，並希望能做不相同的事情。這類情形是很常見的，舉例來說，在同一個學校中，會有很傳統的、以教師為中心的班級，通常在課堂上會採用整班一體的教學方式；但也有許多班級裡的學生們會獨自完成工作，或是以小組的方式進行各類的工作。有些教師找到了讓學生參

與活動的方法，但這些方法可能超過了課程指引的範圍；但也有些教師只會照本宣科。雖然外部的限制有時會被教師拿來作為無法進行某些教學方式的藉口，但教師也擁有某些權利可影響外部政策，事實上，並沒有任何政策或外部的限制會嚴重到使教師們喪失了對其教學設計的能力。

- 你是否可想出任何教師在其情境中運用影響力的例子？他們是如何做到的？
- 你是否可根據自己的經驗，想出有哪些教師在相同學校當中，提供了學生不同的學習機會？

舉例來說，有許多州都明文規定了國小與中等學校裡，在各種不同課程的上課時數（例如閱讀、數學、科學、歷史、美術，以及音樂），並說明了根據個別科目測驗中，其評量系統的運用方式。雖然某些教師將這些規定用來作為無法將不同領域課程內容統整而進行多學科教學的藉口，仍有些受相同限制的教師們能夠找出打破學科界限的教學方式。

雖然教師實踐理論並非判定教師實踐的唯一要素，對於教師在面對限制與機會時，仍有著極大的影響力。教師們的反思與意識無法自行克服影響教學的外在因素，這些因素包括對於公立學校偏低的財務支援，以及任何對教師決定會造成限制的政策。然而，教師實踐理論是有能力去影響他們如何利用情境，這也會影響到他們是否願意或如何能夠對於外部政策產生形塑與改變的力量。

反思的維度

　　在本章中，我們檢視了一種表現教師實踐理論的方式——教師隱喻與意象的本質，我們強調教師實踐理論及教學實踐的結合，也檢視了社會環境對於教師在教學上的影響力。

　　現在我們要重新將焦點回到反思的部分，並強調在反思教學中，教師理論與實踐兩者所能提供的實質內涵。在重新回到反思教學論點之際，另一項在過程中很重要的觀點是我們所運用的時間架構。我們已提過Schon對於「對行動」與「行動中」反思兩者間的差異。兩位英國的師資培育工作者Morwena Griffiths和Sarah Tann（1992），他們超越了基本的二分法，明確地說明反思的暫時性維度之架構，並說明在五個不同的暫時性維度中，反思又是如何產生。他們聲稱教師們在不同速度與意識中，進行一種行為、觀察、分析，以及規劃的循環，而這些都是反思實踐中最有價值且必要的部分。此外，他們也提到在其工作期間，教師們一直進行反思活動，他們更能精確地說明自己的實踐理論、批判檢視，將其與其他理論相比較並加以修飾。我們也發現，他們的分析延伸了Schon對於「對行動」與「行動中」反思的理念，透過這些步驟的進行，能提出對於反思與教師實踐上更成熟的方法。

　　反思的第一個維度是屬於個人與隱私的部分，也就是Schon所認為的行動中反思。在Griffiths和Tann所提到的快速

反思中，教師們在行動時，會立即或自動地做出反思的行為。當學生提問時，教師本能地會決定要如何反應。當有孩童要求教師拼字時，教師會立即拼出，或讓她查閱字典或是向其他學生詢問。雖然在這個反思階段中，所有的回答都是慣例與自動性的，但並非所有的教師在相同的情境中，都會做出類似的即時回應。

反思的第二維度：**修正**，仍屬於行動中的反思，但是在思考時會有一個短暫的停頓。在這種情境中，我們會看到像是教師在「閱讀」了學生們對某些特別課題的反應，並根據「閱讀」的部分對其行為做立即的調整。舉例來說，在數學作業練習結束時，一位四年級的老師看到一個學生在哭泣。她當下的反應是立即走向那位學生，並找出問題所在，但她回想起之前兩次和這個學生互動的類似經驗。在前二次的經驗中，學生對於無法完成作業感到十分沮喪，但若詳加詢問，他只會更難堪與挫敗。所以，這次她決定「忽略」正在哭泣的學生，試試看他是否可以很快平息下來。

反思的第三個維度：**回顧**，所有剩下的步驟都是屬於Schon「對行動」反思的部分，並且會在行動完成後產生。回顧，通常是指在人際間以及同僚間的部分，可發生在教師每天上課期間或上課之後。在這個部分裡，教師會思考或談論有關於一些學生或幾組學生的進步，或者是課程單元的發展，也因此可以對既有的方案加以修改。

反思的第四個維度：**研究**，可讓教師對於特定議題上的思考與觀察變得較具系統性與更明顯的聚焦。雖然是對教學行動進行改變，但由於分析方式持續相同，導致可能會花上數個禮

拜，或者數個月的過程，來蒐集相關教學上的資料。其中一個
對於反思維度的研究範例是教師參與由其學區贊助的全國性的
研究小組。這些在維吉尼亞州Fairfax地區、威斯康辛州Madi-
son地區，以及在賓州Philadelphia地區的研究者，通常在經過
一整個學年後，會與其同事及人力資源發展人士碰面，並發展
出研究計畫，它可用來作為對教師實踐理論的重要檢視工具、
改變教師實踐，並且有時也可以改變教師的教學環境。

　　舉例來說，一位在威斯康辛Madison的國小老師Pat Wood
（1988），觀察了學生們在小組中無法良好的合作後，便參加
一個系統性行動研究計畫。她想要了解造成這種情形的原因，
並建立一個更成功與合作性的學習環境。透過對其課堂的教
學實踐與學生反應資料的蒐集、與同事的討論，以及其他人觀
察上的協助，她開始重新架構小組活動，並試著營造每個人都
能「更彼此合作」，以及「更好的合作」（p. 145）。她的努
力就是行動研究的實例，也就是一種透過教師們的自身教學指
導、聚焦以及參與的研究模式[1]。

　　反思中的第五項，也是最後一項維度：再理論化及再格式
化，本項反思比任何其他的維度都更為抽象與嚴格，所以通常
需要花費數月或數年的時間。當教師可以批判的方式檢視其實
踐理論時，他們同時也考慮和公共學術理論相關的理論。在某
種意義上，進階的研究以及教師證照（碩士或博士）都應針對
再理論化的部分來探討。

---

1 有份期刊是有關教師研究其他範例的極佳來源，分別是*Teaching and change*以及
Tencher Research: The Journal of Classvoom Inguiry，兩份期刊主要的內容都是有關
學校實踐的探究報告。參見附錄B中教師研究與教師網絡更詳細的目錄。

　　資深的教師們發現，當他們想要探討一些議題或問題時，某些學術研究是有助於提供他們相關的教學模式。他們也發現，有時候他們對於實踐時反思，亦可提供或豐富公共學術理論的內涵。他們發現，花時間投入於研究議題、對問題的再理論化與格式化，有助於改善盲目地浸淫在學校教育裡，每天、每週及每年所發生的困境。

　　Griffiths和Tann主張教師須在這些維度中加以反思，但過於著重某種特定之維度而忽略其他，將造成教師實踐理論與實踐上較為膚淺的反思。通常學者與研究者認為反思應著重在再理論化與格式化，並認為這是唯一的「反思」模式。而有時，在大學的學者們認為，教師總是專注於反思中的快速與修正的維度。身為國小教師與大學教師，我們認為需要五種時間架構（參照圖4.2）。

1. 快速反思	即時與自動 行動中反思
2. 修正	思考 行動中反思
3. 回顧	較不正式 在特定時間點的對行動反思
4. 研究	較有系統性 在一段時間內的對行動反思
5. 再理論化與研究	運用公開學術理論所進行的長期性 對行動反思

圖 4.2　反思的維度

反思教學是好的教學嗎？

　　現在教師可能都運用了反思的五大維度，並十分清楚自己在教學上的意象與假設，但是仍有人對於「反思型」教師是否為「好」教師抱持著疑問。這是一個很複雜的問題，且有許多我們無法輕易解決的議題存在其中。然而，有一個重點不容我們忽視，讓我們首先探討在教學上較常反思的教師通常會是較好的教師這點假設開始。這句話的意思是指，若教師對於自己的基本價值觀能夠加以反思與檢視，並對於自己的學生全神貫注而負責，且能形成與質疑其教學中的意象，那麼他們就會是較好的教師。有人對這種普遍性的觀點並不表贊同，他們認為有太多未進行批判就加以頌揚的反思結果，而這樣的行為又將原本複雜的現實過度簡化了。他們的信念認為，反思教學並非必然是好的教學方式，且未加以批判就接受了教師反思中的知識與行動會帶來許多問題。因為在某些情形下，太多的反思可能會讓所謂的加強教學變成合理化，進而對學生造成傷害。唯一可區分這兩種觀點的方式是，如某些人所言，就程度上，教師以批判的態度檢視其教學的經驗、知識以及價值觀、了解其教學的結果，以及提出對於其信念與實踐上的具體辯護。目前有一批人認為，只要教師進行了那種程度的反思，即代表了全部。然而，另一批人則認為其中的檢視與辯護仍然不足，他們認為某些主要的價值觀，特別是對於平等的價值觀，以及對差

異性上的尊重，都必須用來引導教育事業，而我們還必須同時思考在反思中所產生的相關作為。我們傾向於以價值觀為主的觀點。

我們對於反思教學的概念包括了對於經驗、知識與價值觀批判的檢視、對於教學結果的了解、對其理念與行為提出真誠的辯護，以及能平等與尊重差異性的承諾。我們也必須捫心自問：在社會中，身為渴望民主的公立學校教師，我們的核心職責與責任為何？我們認為教師對於學生的學習必須要有所承諾，但這只是最基本的工作。當然，在反思教學中有關價值觀的問題，遠比只頌揚單一價值觀或價值領域要複雜許多。

我們發現了Amy Gutmann（1987）在其針對於民主社會中，有關構成值得擁護的教育要素為何之相關作品，有助於幫我們判定在反思教學中的何種情況要加以支持，以及哪些情況又必須加以質疑。Gutmann提出，對於民主生活方式的承諾（一種目前存在於大部分社會中的官樣式承諾）造成了某些可以接受的教育作為上的限制。她提出在民主社會中的教育必須尊重三個基本原則。教育是：必須培育學生審慎、民主的個性；不可透過排除特定意見或觀點，抑止了理性的研究；不可對特定學生有任何差別待遇的情形。

接受了這些目標，引導了教育作為上一些主要的限制。Gutmann提出二個限制：無壓抑與無差別待遇。假若有任何的教育作為，對特定意見或不普遍觀點進行抑制，或者在民主社會中，拒絕某些學生受教而不顧教育是扮演引導學生成為成人與公民的主動角色這個事實，無論其中運用了多少的反思教學，這樣的作為都應加以遏止。

舉例來說，在先前曾提及，Alison堅決反對對那些不在加速課程班級的學生解說意義與幫助他們理解。雖然這種方式可能是屬於Alison基於先前經驗、目前環境以及外部研究而建立的一種審慎地反思行為，此種行為對於在民主社會中不斷追求達到教育目標的我們，仍然是無法接受的。

至於對於反思教學是否是好教學這個問題的答案，以我們的觀點看來，必須考慮其在反思時所採取的作為，以及在民主社會的教育中所達到的程度而定。這意味著某種可能性：即反思教學若因為特定學生的觀點、背景，而拒絕其在民主社會中潛在賦予的生存利益時，就是一種不好的教學方式。

結　語

本章中，除了沒有談論到教育行動的價值以外，我們大部分的重點都是談論教師反思的過程。但在判定反思的結果可否提供更好的教學之前，我們必須再更仔細觀察一些教師反思的內涵。

即使反思過程可能進行得十分順利，並且很成功地協助教師修改其實踐理論與行動，我們仍必須更仔細地觀察這些改變的想法與行動，以及教學實踐的價值。一種可更深入檢視反思教學價值的方式，是去專注於教師反思的內容。在下一章中，我們會談論反思教學在傳統上的觀點，並更著重在教師反思上的探討。

第五章 反思教學的傳統

傳統與教師

　　近年來，各方在對於分辨不同模式的反思教學上的努力，不遺餘力。當此種教學方式愈益普遍之際，教育者發現許多人在討論反思教學時，其所著重的角度並不相同。造成此種現象的其中一個原因，在於反思教學文獻中提出了許多不同的方向，在美國的教學法與師資培育上都較專注在傳統；我們相信此種傳統的歷史觀點，對於了解現況是必備的。

　　當我們檢視在二十世紀美國的師資培育時（Liston & Zeichner, 1991; Tabachnick & Zeichner, 1991），我們發現了五種反思教學上的傳統，這些傳統一直以來在教學與師資培育上都有很大的貢獻，分別是學術性、社會效能、發展主義者、社會重建主義者，以及「一般」傳統。這些傳統十分多樣化，每一項都提出了關於教學專業的不同觀點，以及教師們在其學習與教學中所抱持的不同理念。這些傳統（除了一般傳統以外）都提出了在教師思考內容上重點。學術性傳統方面強調對於科目的反思，以及注意其表徵和轉化，使學生更容易了解。社會效能傳統強調在對於教學研究中，所提倡的教學策略之運用。發展主義者傳統強調：教學必須建立在學生的背景、興趣、思想，以及發展成長的模式上。社會重建主義者傳統則提出了關於學校教育社會與政治背景的反思，以及在學校與社會中，對於在教室中，提高對平等性、正義感，以及更為人性化條件能力之

評估。而最後的一般傳統則強調對於我們所從事行為的思考。總結來說，除了最後對於反思教學實踐方式的架構外，對於特定歷史傳統以及教育與社會哲學的優先順序已經建立了（Liston & Zeichner, 1991）。

值得注意的是，不同教師對於反思教學所使用的方法，並不可能完全符合這五大傳統，而這樣的論點更應加以強調。這些傳統代表著教師們在反思教學與歷史發展上的知識精華。我們在此加以討論的原因，是因為我們認為這幾個方向對於了解反思教學，提供了完整的組織與架構。一般來說，教師並非完全屬於「學術性」或「發展主義者」。身為教師，我們並沒有十分嚴肅地定義這些方向：教學很少是定位於「二選一」的論斷之下。身為人類的我們其實更複雜得多。雖然教師們的優先順序與環境可能會使他強調某特定專業教學的論點，然而他們自己的教學方式卻可能代表著四種傳統的共鳴。

我們認為這些傳統缺一不可，因為它們是教學中的道德基礎。良好的教學必須包括這些傳統裡所強調的所有要素：科目的表徵、學生的思考與理解、以研究為主的教學策略，以及教學中的社會環境。但是我們必須了解這些要素的形式並不相同，而且每項傳統中所強調的重點也不相同。舉例來說，當把教學的技術能力視為優秀的講演表達能力時，教學技術能力就不是建立在如何增進學生的理解力上了。

雖然在這些傳統中各有不同強調重點，但在這些傳統中的要素並無互相排斥的現象。在實際教學時，各項傳統裡許多重要的觀點會相互重疊，而每項傳統的部分都會呈現許多議題當中。對於反思的傳統差異，係根據其重點與傳統中特定要素之

優先順序來加以定義。舉例來說，若教師們在社會重建方向中有或多或少的參與，通常就會對於其他傳統在學校教育中無法針對制度、文化及政治環境等提出批判而吹毛求疵。然而，若只因有人強調學科理解，就一味地推論他們不重視平等與社會正義等議題，未免不近情理。此外，某些教育者也感嘆對他們而言，很多教師只偏重在「單一」的平等與社會正義上。然而，這些社會重建主義者傳統的教師們，事實上也很關心教學技巧與學生們的理解能力。優秀的教學有許多不同的形式。將其謹記於心，我們隨之要檢視並強調每項反思教學傳統的主要特色。以下部分是對於各個傳統的討論，並利用小故事來對於每項傳統中的重點進行說明。

學術傳統

此項傳統提出了關於學科內容的反思，以及對於為促進學生理解，而對該學科內容知識加以轉譯的陳述。在這個部分中，教師們通常會反思他們的教學內容，雖然他們也很重視其他傳統中所提出的其他教學觀點（例如：學生們已知的部分與可進行的部分），但對於評估適當教學標準的演變仍主要來自於學門本身。

許多年來，此項傳統擁護者提出，所有需要汲取教學專業的教師們，在備課過程中必須準備很多的主題。通常我們會認為數學老師就是熟習數學的人；而生物老師也是對生物很在行

的人，他們都會是優秀的老師，且他們能在學校短期的實習期間，了解所有他們需要了解的教學實例。最近，在史丹佛大學的Lee Shulman及其同事和一群位在密西根州立大學的教師學習國家研究中心的研究者們，共同提出了一份研究報告，明確地說明了在大部分大學中所學習的知識內容，對於一位教師應有的教學準備是不充足的。「備課」的類型無法使教師們在訓練中了解主要的概念，也無法讓教師們了解教授學生們所必備的教學法知識（Grossman, 1990）。

Shulman和同事在「教學計畫的知識成長」的文章中（Wilson, Shulman, & Richert, 1987），提出了一個對於教學推理與行動的模式，以及在教學中所需具備的專業知識。根據他們的模式，教師知識包括了三大類：學科知識或內容知識（在學術傳統中所強調的部分）、課程知識，以及強調教學與學術內容連結之教學內容知識。教學推論及行動包括了許多教學上的觀點，即教學、評估與反思。在此模式中的重點是透過陳述的過程來轉換學術內容：

> 在文章或課程當中，於重要的觀點中加入思想，並找出如何呈現給學生的其他方式。所有比擬、意象、範例、說明、模擬以及諸如此類的部分，是否有助於建立教師以及學生在理解上的橋樑？（p. 328）

Bill McDiarmid（1992）對於教師學習國家研究中心的研究者，以及其他人所完成的研究報告提出了總結，他認為在知識內容的背後，教師們仍必須具備某些要件，才能提供學生那

些Shulman所指的深入教學內涵。在了解到他們要教授的內容後，McDiarmid認為教師必須知道如何架構這些內容，而能提供更令學生信服與正確的解說。根據McDiarmid的說法，他們也必須知道自己所要教授的學科，例如，了解其知識的建立方式，以及架構這些學科的概念結構。

此種教學的方式是反思教學中具現代觀的範例，因其強調了關於內容的反思，以及教授的方式，是一種以內容為基準的方法。雖然此種概念並沒有忽視教學研究、學生們的概念與發展特色，或關於正義與平等議題中所提及的一般教學原則，但對於反思的重點以及強調評斷教學適當性判準，仍會因為學門有所變化。在我們的經驗當中，許多準教師與在職的中等教師們認為自己十分適應此種取向。而經過我們的研究，發現探討這些教師的價值觀與理解，並加入對於其他傳統重點的探討，可加強反思方法的運用。

小故事

Jennifer是一位已在高中任教六年的數學老師，她大部分的時候都充滿了挑戰與樂趣，但是今年卻改變了。今年，她的一位學生帶槍來學校，射殺了另一位學生。今年，她所帶的班級引起了全球的注意，而她也被迫要仔細想想自己為何堅持教高中數學的原因。今年對她而言很不好受，但她是如何捱到學期末呢？她找到了一個最好的答案——她對數學的熱愛。打從她還是國小學生以來，她發現數學教育提供她思考的空間，並增加了她對自己的認識。數學思考是一種邏輯性思考，而這樣的思考方式可幫助她了解複雜和難懂的事件。邏輯思考使她

可釐清疑惑。當她還是學生時，在數學上的表現就很優異，Jennifer嘗到了成就感，而其他人也能感受到她的成就感。Jennifer相信她的經驗也可成為她學生的經驗，她認為學生們也能十分喜愛數學解題方式，並感受到其中所帶來的成就感。作為一位老師，她喜歡尋找那些與數學知識相關的方法，她會透過她的課程與教學，從學生們的初步理解與背景來找尋。在代數課中，她喜歡運用「x」值作為解題的方式，而這樣的方法對學生而言也較有意義。她體會到要呈現數學邏輯是個很大的挑戰，但也是滿足感的來源。而這樣的挑戰與滿足感就是讓她一路走來的原因，也就是她在第七年任教後再度續約的原因。她也許無法解答所有學生的問題。但誰又能做到呢？但是，她認為能夠提供學生們真正的知識，以及他們可用來釐清對於世界疑惑的工具才是最重要的。

- 你認為對於學科內容的承諾，對你而言代表什麼？成為一位社會研究教師是什麼意思？那麼，成為一位文學教師又代表何種涵義？
- 當每個人對於學科內容有不同概念時，會產生何種情形？當某些人認為生物老師是教導學生認識世界，或是提供核心概念與事實的人時，對你而言代表什麼意思？

社會效能傳統

反思教學的第二個傳統：社會效能傳統，一直以來強調相信對教學進行科學性的研究（透過教師以外的他人），對於專業教學提供基礎。

目前根據這個取向的主張，教師反思的重點應為，他們的實踐與外部研究認為教師該有的作為，其中符合了多少的程度。在這裡有一項假設——對於教學的研究已架構出知識體（一個「知識庫」），提供教師們在教學上的指導方針。目前有關此種知識庫的範例為，一項由已故的Madeline Hunter所主持的人員發展計畫所提出的教學架構（Gentile, 1988），教師在其教學中必須包含特定的要素（例如：前置組織），這些要素必須對於學生學習有一定的相關性。其基本假設為研究者必須找出在特定教學策略與學生學習成果之間的正向關係，當教師們以系統化的方式運用時，教師們就不會對這些策略感到陌生。

Sharon Feiman-Nemser（1990）在社會效能傳統中發現了兩個不同的困境：要求教師遵照研究指令的技術性困境；以及教師在許多不同的資料中，使用研究報告來解決疑難的選擇困境。在第一種情形當中，所傳達的知識與經驗成為教師教學過程中最主要的決定要素。事實上，在此種對教師反思的狹隘解讀中，通常只會強調這些教師的教學是否符合教學研究中的標

準。我們認為這樣的視野過於狹隘，而且與第一章所描述的技術性教學觀點十分類似。

在第二個情形當中，除了傳達知識與經驗以外，教師們須仰賴自己本身的實踐理論與經驗來做決定。在這個部分，教師們在各種教學環境中會透過利用研究、經驗、直覺，以及自己的價值觀（Zumwalt, 1982）來做出判斷。Dorene Ross和Diane Kyle（1987）對於教學即為決定過程的評論中，說明在強調教師判斷力的審議困境中，大學研究角色的限制性：

> 準教師們必須了解運用教師效能研究中所帶來的限制……教師行為中，最重要的是為了達到特定目標及考量學生時，其選擇適合策略所需要的彈性與判斷。（p. 41）

雖然此種反思實踐的概念並沒有必要忽略其他傳統所提及的教學觀點（例如：學術內容），其所強調的重點仍在於其他研究中所提及的知識之運用。

小故事

Eric知道自己的某些特定教學策略需要加以修改。他已在國小任教五年，並開始認為自己可以表現得更好。他會成為國小老師的其中一個原因是，他喜歡教室裡充滿學生，那種「社群」的感覺。他希望學生們在他的課堂中可一同合作，他也認為當學生們一起學習時可學到許多事物。去年，他嘗試了許多方法讓學生們能夠在一個共同合作的小組中。他有辦法讓這

些學生感受到教室是屬於他們的天地，而他們是「大家庭」中的一份子，但是，當要將此種在特定學習情境的感覺描繪出來時，對他而言總是十分困難。所以，在該年秋天，他在離他家四十英哩處的當地大學，報名了一個針對有效指令的課程。這個決定的結果產生了很大的功效；他發現某些對於合作學習的研究指出：(a)教師在規劃小組時，必須考慮到課程的「學習目標」，而非只顧慮到在小組中的群體互動；(b)教師必須了解在分配小組時，何種小組討論模式可達到學習成效，以及(c)教師在分組時必須十分謹慎，不可破壞原有的氣氛（Meloth & Derring, 1991, 1992）。實際上，Eric了解到他應該學習更多有關如何去組織小組，這也改變他以往組織班級的方式。

· 當教師們遇到的情境與研究環境有所不同時，他們應如何去調整研究中的發現？
· 教學策略研究對於教師有何幫助？
· 你在教學或學校裡想取得何種類型的研究知識？

發展主義者傳統

反思教學實踐的第三個傳統：發展主義者傳統，強調對於學生、其文化與語言背景、思想與理解、興趣，以及對於特殊工作發現上的反思。此傳統的特色為：學習者的自由發展，提供了學生們的學習教材以及如何教授的基準。課堂教學應建立

在觀察、透過教師對學生直接的研究，或對此類研究文獻中的反思上。

根據Vito Perrone（1989）所述，在美國有三個核心譬喻與此傳統相關：身為自然主義者的教師、身為研究者的教師，以及身為藝術家的教師。身為自然主義者教師其觀點的概念為：教師對於孩童與青少年行為有著極敏銳的觀察與了解，並能建立與其觀察符合的教室環境。身為研究者教師觀點則強調：教師們在研究自己教學時所扮演的角色。身為藝術家教師觀點則強調：在學習中，創意者與發揮自己能力者之間的關連。

哈佛大學Eleanor Duckworth的作品，可視為反思教學在此種傳統裡的當代範例。Duckworth（1987）詳細地說明了反思教學的建設性觀點，強調使學習者融入情境裡，而非一味地向他們解說。根據Duckworth的觀點，教師們兼具從業者與研究者的角色，而他們的研究則應以學生為焦點。教師應運用學生能理解的知識來決定他們學習的下一個步驟。根據Duckworth的說法，最重要的是，要讓教師不斷了解學生們對於課堂活動的感受。

> 讓學生自行解釋這項基本要素，也並非剝奪所有教師抱持的想法。因為教師不認為自己應成為學習者想法的最後仲裁者，也不應替學生建立他們應思考的方向。教師重要的任務是要了解學生的感受。（Duckworth, 1987, p. 133）

此種反思教學的發展性概念在近來年大受歡迎，在教育界

中，認知心理學的影響力也大幅地成長。雖然不必忽略與學科內容、平等，以及大學研究為主的知識庫等相關議題，這裡所強調的重點仍為對學生本身的反思。

小故事

　　Celia覺得June給她看的東西非常神奇。在那天早上，Celia二年級的三位學生拉著她去看June所排的積木模型，那是一個很棒的模型，有著複雜的幾何設計、很豐富的顏色，以及均衡的比例。Celia見機不可失，便問June是否想要用模型紙加以複製，而June也照做了，最後的成品花了三個小時才完成，也花了June很多的力氣，但這是Celia以往在June身上沒看過的專注力。

　　June是那種老師們不常「注意」到的一般學生。June從來沒有惹出任何麻煩，但她的表現也沒有特殊的地方。但June今天讓Celia注意到她了。June創造了一個幾何模型，十分複雜且完美，且所有人都看到她的作品。Celia不會忘記June的作品，也使她重新地觀察課堂中的許多事物——她的學生。

- 教師在發展主義者傳統的取向中扮演什麼角色？
- 教師在觀察孩童後要做什麼？這些觀察如何取得與引導教學方式？

社會重建主義者傳統

反思教學的第四項傳統：社會重建主義者傳統，反思被視為一種政治上的行為，對於更為正義與人性化社會的體認有其貢獻或阻礙的功能（Kemmis, 1985）。在這個反思教學的傳統中，教師的重點包括內在本身的教學實踐，以及影響其教學實踐的外在社會條件。此種教學觀點為，體認到教學必須建立在制度、文化以及政治環境中，而這些環境會影響我們的行為，同樣也會被我們的行為所影響。社會重建主義者傳統的第二個特色，其民主與解放推動，以及對於教師研究的注重，可幫助他們檢視其在教學中的社會與政治結果。在我的教室中，課程知識裡是出現誰的知識與觀點呢？我的教室文化與學生們不同的文化背景有何差異？我某些特定的教學（例如：分組與評估學生的方式）對於學生的生活選擇，以及特定學生會產生何種影響（例如：男孩、女孩）？雖然此種反思傳統並不會忽略其他傳統中所強調的觀點（例如：學科內容、學生概念、研究），但此傳統所強調的是有關於思考在教室內、外的社會正義與平等，以及對於將教師實踐與社會的連續性與改變連結在一起的議題。

在教室中的活動通常是關於他們自己的身分、政治上固有的意義與價值觀……而某些活動則是較普遍、簡

單的教室活動，包括以學生的「能力」來分組，在
中學歷史課裡討論美國總統、在國小裡將課程予以
「個別化」，促進對政治與意識型態的興趣……因為
學校教學不可與社會、政治以及意識型態脫離，他們
（教師）必須對於他們行為帶來的後果有所反思。
（Beyer, 1988, pp. 37, 39, 41）

反思教學裡，在社會重建主義概念中的第三與第四個特色
為其以社會實踐作為反思的使命。這個部分強調建立學習社
群，教師們可互相支持與鼓勵每個人的成長。此項對於學習的
合作模式，指出了師資培育工作者的雙重使命：一方面是平等
與社會正義的道德建立者，另一方面則強調照護與同情者。
此項使命被視為轉換不公正與非人道制度，以及社會結構的策
略價值，因為若教師們可看出自己與其他同事之間連結，若和
教師僅為孤立反思者角色相比，其結構改變的可能性會比較大
（Freedman et al., 1983）。

小故事

Sue在那天早上對於嘗試了解的部分又再次卻步了。她打
電話給兩位同事：Marlene和Jason，試著整理頭緒，但她仍無
法說出個所以然。昨天，在全校集會中，當地NFL隊的美洲豹
吉祥物指標著整個比賽的加油團。在比賽期間，「美洲豹」在
兩邊集合了男學生和女學生，並為他們別上圍巾。當Leprd拉
下圍巾時，拉出了一件女性胸罩。在表演完這個令人讚嘆的表
演後，Leprd做出了一個很大的跳躍，撲到啦啦隊長身上。當

他站起來時，臉上盡是興奮之情。Sue認為這整個情況是很唐突的，這不僅是對於那兩位年輕女性的侮辱，也是一種對所有女性與男性的輕視，是公然的性騷擾行為。Sue對於這樣的表演十分了解，這也是目前社會的特質。她並不喜歡這樣的表演，也一直排斥它。這種行為就像是公然打了那兩位學生以及所有比賽的女性一巴掌。這在教育環境中是一種不可原諒的行為。她馬上向副校長提出了抱怨，而副校長也馬上關心兩位女學生是否有受到傷害，而現在Sue不知道自己應怎麼做。

在Sue的文學課中，他們才剛讀完維吉尼亞・吳爾芙（Virginia Wolf）的《自己的房間》（*A Room of One's Own*），所以，她決定問學生們對於比賽加油團事件的看法。她知道自己必須將其變成「課程」的一部分，作為檢視的事件，以及研究的重點。Sue認為他們應強調有害部分，讓這個回憶不致於太過沈痛。她希望自己與學生們能夠為自己與學校減少這個經驗所帶來的傷害。

- 當學校要支持或加強你認為有害的社會價值時，作為教師的你應有何種責任？
- 教師們在課堂中是否能一直保持中立的角色？
- 當你認為學生們已受到傷害，但學生並不認為時，會有什麼結果？你該怎麼做？

一般傳統

反思教學的第五項傳統：一般傳統，強調鼓勵教師們對於教學做出反思，但不必注重教師們如何反思？反思的內容？或是在反思中，對於其社會與教學環境的檢視程度。在此項反思的核心假設為，因為教師們的行為必須較為謹慎且有其目的性，所以他們必須有更好的行為理念。在此傳統下，教師要如何反思？

可以就生活的本身為取材對象，並提出有計劃的目標。他們所反思的內容可以是精神上的。舉例來說，對中學裡的種族緊張關係的反思，就多少比反思戶外教學或家庭作業更為值得。（Valli, 1990, p. 9）

在俄亥俄州立大學裡，可看到當代教師提倡反思潮流的實例，在其師資培育課程當中，運用了反思教學的教材。師資培育工作者認為在未提出教師反思內容、品質與環境的情形下，教師們對其工作應投入更多的反思。

仔細研究教學並成為教學中的學習者的教師，可發展出終身保證；他們會知道自己在做什麼、為何而做，以及帶來何種結果。最重要的是，他們可根據道理而

做出行為。缺乏道理則會淪為機會、不合理、自私及
管理的奴隸。（Cruickshank, 1987, p. 34）

　　我們先前提及，在沒有找出教師們應該反思的事物，或列
出他們應該針對的反思品質，就要求他們進行反思，是一種缺
乏目標與方向的表現。反思，其實就像是教師們所參與的其他
活動一樣，表現有好有壞，其成功與否皆取決於教師的目標
（例如：與民主社會的教育目標有關），以及教師如何達成目
標。在教師們進行教學活動前，對其目標與活動的需求，若
能對其價值加以分析，就算是好的反思行為。一般傳統並不鼓
勵、也不推崇這些事實上是很重要的部分。

結　語

　　除了一般傳統外，所有的傳統均強調關於教學的重要特
色。無論我們的焦點是在於學科內容、學生的理解、研究原
則，或是更廣大的社會環境，我們都是對自己的教學做反思。
當教師們參與此種反思的過程，會將不同的事物與利害關係加
以結合。我們通常可發現許多中學教師都著重學術傳統的內
容；而國小教師則較常強調學生們在發展主義者傳統中的理解
部分。但這些重點並非引導中等或國小教師的唯一指標。在本
章中，我們已詳細地說明了每個傳統的重要觀點。在下一章
中，我們要對反思教學中不同的傳統做更深入的了解，將這些
傳統與複雜的教學結合在一起。

第六章 深入探討傳統

　　在最後這一章，我們將探討教師反思中的各種重要類型，並以較接近真實生活的方式來研究。在第五章中，我們強調了這些傳統的核心特色，並對其有更清楚的理解。在本章中，我們會提出建立在特定傳統上的反思案例，但其主旨與重點並不只偏限於傳統的核心議題上。透過這些「個案研究」範例的提出，我們相信對於有關教師反思的複雜性的理解將更為明顯。當然，某些教師的主要重心仍著重於學術傳統的議題與價值觀上；但是，若在教師為「學術傳統中的教師」的標籤下，則可供探討的方向就比較狹隘了。每項傳統可能會面對許多相同的議題，而非特定「屬於」某種傳統的議題，不同之處就在於著重點與程度上的差異。在某一個傳統中，特定的重點是核心議題，但在另一個傳統中，這樣的重點可能只是議題之一。我們希望以下的個案研究，以及在實際生活的反思中，因教師所產生的混雜思維可說明其複雜性。我們也希望在檢視這些個案後，讀者可開始決定自己所認為的核心方向。

　　在以下的個案研究中，我們會提出問題。在談論每個個案研究後，我們會針對教師的反思中，提出可能出現的潛在危機與錯誤的觀念。並非所有的反思教學都可讓教師成為專家或即使本來的目的是希望如此。在詳細說明個案研究後，我們會針對一些在反思行動中反而降低教師能力者提出說明。在討論後亦參照其他關於探討這部分內容的書籍，我們會做出結論，並將其包括在本系列後續叢書當中。

確立自我定位觀點

學術重點

　　Jeff Lopez 這學期班級的期末考成績比過去三年的成績還好，但是他並不滿意。他認為他的學生們在第二學期中只具備一些基本的表面知識，卻只有很少的理解，對生物課的實際參與，關於生命的研究也不多。Jeff已經教了四年的高中生物課程，每年，他的學生在晉級考試的表現也愈來愈好。艾森豪高中座落於一個較為窮困的鄉鎮中，校內有著各種膚色的學生。對Jeff而言，脫離貧窮的唯一方法就是受教育。教育的意義應指擁有真正的知識，以及對於世界的了解。

　　Jeff回憶起自己的高中生涯。他還記得在上Stallings老師的生物課時的情形，當時他很好奇怎麼有人懂得這麼多，也想知道老師為什麼會關心這些事情。下課後，Stallings老師總是會將「小Jeff」帶到旁邊，並問他在學校學習的狀況。老師總是告訴Jeff，若他在人生旅途中會到不同的地方，他必須將所有知道的事情都放到教育上。Jeff從來沒忘記Stallings老師對他的關心，也沒有忘記老師在教學上所付出的時間和努力。

　　身為一位生物老師，Jeff和Stallings老師有點不一樣，Jeff認為他的學生不只要能發現並分類生命的形式，也必須對生物抱著追根究柢的精神，即觀察生命的形式並加以了解，且能向別人解釋其「運作方式」。他認為他必須有更好的教材、更

佳的傳達方式，藉以說明在生物界中繁雜的過程與關係。他知
道他必須扮好傳達的角色，有時候，他必須帶領學生了解生物
的世界。對於Jeff來說，這樣的理解有著很大的力量；此種力
量不僅有其內在的能力，也有一種政治上的力量。內在的力量
是來自於理解上的成就，以及對於我們周遭生命過程的解說。
此種成就形成複雜的世界，並增加其特殊價值。而政治的力量
則來自於運用該種知識消除錯誤觀念的能力。長久以來，不同
膚色的人類，都不停以生化武器進行戰爭，也因此他們被視為
較低下的人種。在二十世紀所開始的優生學運動中，「少數民
族」被視為生物學上的缺陷，而對於「基因庫」修改的論點則
產生了許多議論──生物學已成為人類祖先的束縛。Jeff想要
他的學生了解此種知識力量的雙重性。

　　但是學生們的考試成績，甚至在他自己出題的考試中，看
來都無法達到他的標準。Jeff太過強調表面知識，所以對於這
種能量來源的複雜性，說明不夠詳盡。他覺得自己必須了解學
生們的概念，再將其與教材做連結，才能傳達更好的生物解
說。他想到了之前光合作用的情形，他的學生可以說出光合作
用過程的主要成份，學生們知道葉綠素所扮演的角色，以及其
與光所產生的作用。但是，他並不知道學生們是否了解這樣的
過程和食品生產過程相同，以及對於生產過程中的複雜性。當
然，他的學生並不了解某些複雜的部分，但他必須想辦法告訴
學生們，當其與陽光產生作用時，也就是食品生產的概念。他
認為了解這個過程，必須了解在細胞之間的作用，甚至是單一
細胞中的複雜性。所以，他想到了Lewis Thomas的作品《細胞
生命的禮讚》（*The Lives of a Cell*）。

當Jeff還是一個研究生物學的大學生時，Thomas的作品對他產生了很大的影響。他對於Thomas可將生物學研究與廣告的世界做連結感到佩服不已，所以，Jeff認為也許可由Thomas的作品作為開始。他快速地翻閱Thomas的書，他發現了在複雜的人體以及綠色植物之間的類比。Jeff認為這樣的發現可提供他的學生所需的連結。在《細胞生命的禮讚》的首篇文章中，Thomas寫道：

是其他何種細胞與我互動與平衡並聚集在一起呢？我的細胞的中心粒、基體，以及其他在我的細胞中更小的生物，每個都有自己的特別基因組，都是異質與基本的本質，就像是在蟻家中的蚜蟲。我的細胞並非只有線性本質；它們是比牙買加海灣更為複雜的生態系統。

我喜歡想著它們以我想要的方式運作、它們為我做的每一次呼吸；但也許是早上在公園中散步的人們、正感受我的知覺、聽著我的音樂以及思考著我的想法。我很欣慰，綠色的植物也是同樣的模式。可以不將它們視為植物，也不用是綠色，也可以沒有所謂光合作用，為我們製造氧氣的葉綠素。在葉綠粒消耗完後，就會成為分離的基因組，這就是它們自己的表現方式。（Thomas, 1974, pp. 2-3）

在這樣的情形下，Jeff認為自己必須幫學生們更了解其中的複雜性，以及對於光合作用的運作。當然，Thomas對細胞的某些說法對他的學生來說，可能有點奇怪，但Jeff認為他可找出最適合的解說方式。若他可讓學生了解葉綠素所扮演的角色、了解細胞的複雜性，那麼，也許他可以讓他們了解光合作用的部分。事實上，也許光合作用的課程也可作為解說細胞的重要架構，這樣的方式可能十分有用。所以，Jeff為了讓學生更了解生物，開始試著重新架構他上課的教材：了解生命的自然奇觀，並幫助他們學到知識。

- Jeff對於內容、學科知識的教授想要達到何種目標？
- 這種針對內容知識的方法與以事實為知識的方法相較，有何不同？
- Jeff強調知識即力量，和社會重建的平等性與正義有何相似之處？Jeff要如何加以融合？
- 你對這個方法的反應為何？你有什麼看法？

社會效能重點

Rose十分高興在新的人員發展研究裡，將焦點放在對於語言少數族群學生的學習上。從她在中學教授社會研究以來，她知道自己與某部分的學生沒有交集。過了幾年後，她也知道這些學生數量增加了。她一直相信教授公民可謂公立學校教育的重要關鍵，她對於自己無法提供所有學生們適當的教學覺得沮喪，她相信所有的學生都必須了解聯邦、州立和地方政府的架

構和資源、市民的角色與職責,以及如何運用公立組織。她每年都檢查學生們是否有公立圖書館的借書證,並確定他們都清楚市區公車的路線。對於西班牙裔與來自亞洲苗族後裔的學生們,這是一個好的開始。但是她也清楚,這只是個嘗試性的開始。

當Rose剛開始教書時,她以為自己的班級會像是「挑選出來的主體」,即小型的國會,學生們可以透過模擬審議的過程了解決議的方式。但在這幾年下來,她在心裡有了不同的看法。在過去幾年來,她開始將班級視為「教育主體細胞」——學生在前往下個教育體系前,必須有足夠的學習。她不喜歡這種感覺,但她必須承認這就是現實。

她希望事情可以愈來愈好。在去年年底時,當一群教師們提出他們對於少數學生在課堂學習的擔憂後,她有了一種重生的感覺。而接著在當年夏天的當地報紙上,就刊登出教師們的隱憂。這樣的情形造成了將近50%的西班牙裔學生休學,也造成了當地不小的震撼。Rose和她的同事們認為在新學期開始前,她們必須採取一些行動,因此她們提出了一個方案。她們認為自己需要外部的協助,即需要別人提供增進非英語系國家學生們進步的方案。Rose和其他Centaurus高中的教師們才剛在CALLA(認知性語言學習方法;Chamot & O'Malley, 1994)完成了三天的師資培訓講習。Rose認為這樣的方式也許有用。

但CALLA方案讓人感到困惑的原因是,這是一個以研究為主的方式,係針對結合學生的語言發展、內容範圍之教學,以及在學習策略中的明確指示。這樣的重點與整合對於Rose和其他高中的教學專家而言,卻十分具有吸引力。核心要素則是

針對學習策略中教學的層面。此教學法的作者提出，在他們以及其他人的研究中，已找出了三個主要的策略，可幫助學生們成為更好的學習者：後設認知、認知，以及社會／情感。此種課程的目標是要「提供學生們一個選單，讓他們可自己選出對於特定學習活動與工作上的策略」（Chamot & O'Malley, 1994, p. 11）。這樣的策略對於學習特定內容與語言功能是重要的。對Rose而言，此種方式開啟了教學的新局面，她以前從未想到的方法，並可讓她協助雙語學生能更快進入狀況。

但是，這個課程卻所費不貲。就像許多其他針對有效教學的師資培訓一樣，這個教學法確實列出了要執行的步驟。在Rose學校裡，有許多老師對於教學的方式以及規劃的方法感到猶豫。

針對CALLA方案進行人員訓練的第三天，當大綱才列好時，就聽到某些人開始抱怨，不過Rose認為自己應該要試試看，她想要知道這種教學法對她的學生是否有用，並藉此評估是否需要加以規劃。在現實情形中，Rose認為這些步驟和她之前的方式並沒有不同，但卻更有架構性。在該手冊中寫著：

> CALLA教學需要謹慎地規劃，CALLA教師們不只應思考他們教學的方式，也必須思考學生們吸收的情形，以及對教學上的反應。
>
> 在規劃CALLA教學時，必須遵照幾個步驟。第一步就是要在單元或課程中選出一個主題，接著教師必須評估學生們對於該概念與挑選過程的先備知識。此種資訊可引導教師進入下個步驟的規劃，設定學生們在

該內容中的學習目標及成就水準、學術語言以及學習
策略。第三個步驟則是蒐集一些有助於教師講解的教
材，而最後，教必須列出教學的順序，使學生能夠了
解、記憶並回想這些教過的概念和過程。（Chamot
& O'Malley, 1994, p. 84）

在這樣方式下，她必須調整自己以往的步驟，但她認為若
這個方法有用，可讓雙語學生們留在學校並學習得更好，這樣
的改變就很值得。她告訴自己必須嘗試這個新方法，並觀察是
否真的有用。雖然學校會有自己的評估過程，但她知道自己必
須了解這個方法對學生的運作結果。

・在第五章中，我們提出了有關社會效能傳統的二個困
　境：技術層面與研究層面。你會如何描述Rose的反芻？
・在這例子中，我們強調了在教師教學與研究者指示上的
　缺口。你如何描述在這個例子中，Rose教學與CALLA
　課程研究之間的互動？
・你對Rose的想法、情況，以及困境的反應為何？

發展重點

Anna Levin是一年級的老師，她在去年夏天參加了一個
稱為「認知引導教學」的數學新課程（CGI；Carpenter &
Fennema, 1992）。這個專題討論會有二項基本主題：首先，
老師必須花更多的時間，找出讓學生可用來解答數學問題的策

略；第二，孩童們通常可解答更困難的問題。Anna很好奇自己的學生們，是否會像研討會中的一年級學生一樣能解答問題，她也很好奇自己是否能提高學生們目前的能力，來解答一些需要運用加法和減法的問題。Anna總是以孩童們的想法以及對世界的看法來規劃課程。事實上，這也是Anna選擇在國小教書的主要原因。她認為學習的方式必須與學生們的想法有所連結。Anna認為自己在這種連結上做得很好。

在過去幾年來，Anna在自己的閱讀教學中，運用了全語言學習法，並發現這樣的方式對多數學生是合適的，她看到此種教學方式對於學生們在閱讀上的強化，以及這樣的方式如何能使學生們在讀和寫方面更進步，他們變成了能讀寫的人。Anna就開始想著，也許有其他的教學法可幫助學生在數學上的學習，她相信自己應該也能讓她的學生在數學上有所進步。

Anna認為自己並非唯一使用CGI教學法的老師。到目前為止，Anna一直因為男女學生在數學分數上的差距而感到煩惱。到三年級時，男生數學分數普遍高於女生；到了五年級時，男生們的平均分數是女生的兩倍。即使身為一年級的老師，Anna仍可看到女生們對於數學課的挫敗和困擾，她認為自己應該提供學生們更好的基礎。所以Anna在教學時，試著使用CGI方式，現在已接近二月底，而她也愈來愈高興；首先，Anna看到了許多學生解答她認為是太難的題目，而她也更了解學生們的行為了。她也發現，她可將自己在文字題上的興趣與CGI架構相結合，解答加法與減法的題目。運用了CGI架構後，她可處理一些特別種類的問題，並可看出她的學生在解題時所使用的不同方法。事實上，為了更加了解這個方法的

功效，她在自己的檔案夾貼上了在CGI研討會中拿到的圖表：

加、減、乘、除問題

1. Sybil有十二張郵票，她給了George八張，還剩幾張？

2. Sybil有八張郵票。George再給她幾張後，她總共有十二張，在George給Sybil郵票之前，她原有幾張？

3. Sybil有一些郵票，George再給她八張後，她總共有十二張，在George給Sybil郵票之前，她原有幾張？

4. Sybil有十二張郵票，George有八張，Sybil比George多幾張？

5. Sybil有十二張郵票，她把每四張放在一本書的書頁上，她將在幾頁上放上郵票？

6. Sybil有十二張郵票，她想要將它們分給自己和三位朋友，每個人都要有相同的張數，那麼每個人會拿到幾張？

（Fennema, Carpenter, & Franke, 出版中）

這六個問題代表的不只是不同類型的問題，也是學生們可用不同方式加以解答的問題。Anna在CGI專題研討會中得知了學生們一開始會直接進行運算。例如，學生在解答第一個問題時，會先畫出十二個東西，並刪掉其中的八個；而在第四個問題的解答中，學生們會將十二個東西與八個相比；在第六個問題時，他們會先畫出十二個東西，再將其分到四個小組中，並計算每個小組分到的數量（Fennema et al., 1993）。CGI研究者認為，這樣具體的模擬作法可提供「建立學生們在解題、思考數字等更為抽象認知的發展基礎，學生會由一開始的算數，到後來運用數字和符號」。（p. 5）

上週，Anna觀察到了學生們在思考上由具體轉化為抽象的過程轉變 。那天，她要求班上的學生就下列問題提出解決的方式與答案：

Steven和他的父親買了52蒲式耳的玉米，而在上週他們買了58蒲式耳，他們總共買了多少蒲式耳的玉米？

Anna要求學生們花時間好好思考這個問題，並以幾句話告訴她，他們所用的方法與答案。她也告訴學生們，只用紙和鉛筆，桌上不能有其他東西，但令人驚訝的是，許多學生們馬上就用以10為單位和100為單位的數字，當她在教室裡走動觀察時，她看到了許多學生們寫著：50＋50＝100，2＋8＝10，所以52＋58是110。

當然還有別種不同的解答方式，但令她感到訝異的是，許多學生們已可從具體的模擬策略轉為抽象的演算方式，而且他們也完全理解整個過程。她今天的發現有助於她對於往後課程上的規劃，她也知道Anthony對於10為單位的部分仍須加強，而Felicity和Charles也可開始學習基本的乘法運算。

Anna相信，CGI的方式讓她建立了研究的架構，她可由方法中理解學生，她現在可看出學生解題的方式，她也可看到在數學上有問題和沒有問題的學生，並可看出下一步該如何進行。她再也不需要因為女生在數學上的問題而感到困擾。在運用此種方法的情況下，她相信可以增進學生們的能力。

・Anna找到了一種讓學生們解決數學問題的方法，發展

主義者論在這個部分的意義為何？
- 激發了Anna以孩子們為中心的教學模式是什麼？
- 你會如何描述Anna所扮演的老師角色？
- 你對於這種教學方式的反應為何？

社會重建重點

Sandi知道在課堂上所學到的課程，在學校外可能無法使用，但這樣的想法令她感到沮喪，她很努力地教導六年級學生社會研究／和不同的文學課程。她提出了對於其他人價值觀的了解、建立溝通橋樑的必要性，以及使用語言的重要性與敏感性。但當她在下課時間結束，到操場叫學生時，她看到了學生們正在玩的一種遊戲──「打倒同性戀」，是一種以一對多的足球比賽，看來十分野蠻。

她在成長的背景中，從來沒扮演過那種沒有耐性或總是不斷挑剔錯誤的挑釁者角色。她出生於一個關心家人的家庭，而父母親們的管教也總是採取自由發展而非保守的方式。但她知道自己並非主流份子。最近，她了解了自己的性向，她不是異性戀，她是同性戀者。

所以，當看到她的學生們玩著「打倒同性戀」的遊戲時，對她而言，無疑挑動了她在教育上與個人心理上的神經。

在她上的其中一課「與多樣化共存」中，她和學生們共同看了一些因為差異性的恐懼而造成傷害的自傳文章。他們看了Anne Frank的雜誌，以及十九世紀的奴隸日記。她要學生們透過觀察先天論者對於美國移民潮的反應，提出在美國移民

潮中的異同點，以磨練他們的研究技巧。她也要求學生們透過
訪問培養寫作表達能力，並要求寫出經歷各種偏見者的故事，
也許這些對學生而言，學術色彩太濃，也許這些課程只是另一
種她想要學生們呈現出來的表演，但她認為她的課程很成功。
Sandi認為，自己使學生們學到更多技巧、更多的知識以及更
多的了解，但她現在懷疑自己是否真的達成這些部分。

在這個單元，Sandi開始想著自己對於男同性戀與女同性
戀議題必須更清楚地說明。她希望這類的議題可在她的掌握範
圍中，因為她知道若她涉及太多，很快就會讓自己陷入困境當
中。她回想到在密蘇里高中時，社會研究老師在談論到納粹政
權與死亡集中營時，提到同性戀者必須被烙上粉紅色的三角烙
印（Ruenz, 1994）。那位老師當時也提到，若他也生長在那
個年代，他也會被帶到死亡集中營，並被烙上粉紅色的三角烙
印，而民眾會將他燒死，而當時他這樣的話語卻引起了公憤與
爭議。Sandi並不想將自己捲入這種議題中，她覺得在她生長
的環境中，對於性向問題的恐懼與誤解太深，是無法加以抗衡
的，但在學校中，大部分的男學生們卻玩著「打倒同性戀」的
遊戲，所以她必須採取一些行動。

所以有一次，當學生們都坐在教室時，Sandi決定要談論
這樣的話題。她問學生們下課時間都做什麼？許多學生都描述
了他們自己或和其他人一起玩耍的情形，但卻沒有人提到那
種「足球」遊戲。於是，Sandi接著就描述她看到Nathan、Ja-
son、Peter、Brian及其他幾個學生們在玩一種足球賽，以及她
也聽到學生們喊著「打倒同性戀」。她接著問：「那是什麼意
思啊？」班上一片沈默。過了一會兒，Nathan說那個遊戲其實

沒有什麼，只是拿到球的人會被別人摔倒。但Sandi仍不放棄地問：「為什麼叫作打倒同性戀？」班上再度陷入一片沈默。

最後，經過了大約一世紀那麼長的時間後，Sandi問了：「什麼是同性戀？」過了一會兒，Brian回答queer就是同性戀者，也就是男生互相喜歡，或女生互相喜歡。Sandi接著問Brian喜不喜歡Nathan，Brian紅著臉回答他喜歡，但是他並不是同性間的那種喜歡。

Sandi知道她已經問到了議題的核心，所以她問：「為什麼要擊敗他們？為什麼要玩看起來是在傷害同性戀的人？」Jason回答，因為同性戀「是不對、也不能做的行為」。

Sandi停頓了一下，她不知道是否要繼續下去，但她已經問到這個地步了，不想放棄，她感覺得到從一些回應的話語中，這樣的「回答」也許並非大家都能同意的，有某些學生回答得很尖銳，這樣的行為讓她感到不舒服：此外，她已有點生氣及難過。所以，她決定要提出一些比較，並決定將這樣話題留到下次再討論。她回想起愛爾蘭人與義大利人在幾世紀以來，對於世人一直認為他們是「骯髒與愚笨」民族的反應。她提醒學生們曾經看過那些對於受到歧視的人們的訪談，留意那種痛苦、難過及不被人了解的感受。她也認為，也許學生們對於同性戀的反應就和他們先前曾研究的偏見實例類似，但她也可看出有許多學生並不贊同她的看法，所以她沒再繼續談論下去。

· 某些社會重建聲明的評論指出，此種方式會使社會與政治轉變中的教學方式有所混淆。某些人則認為教育是一

種政治上固有的形式，而且總是不斷地改變。你是否可
描述一下Sandi在教育上的行為？以及為什麼？

· 你認為教師是否應讓學生們談論關於個人信仰的議題？
有可能永遠不談類似的討論嗎？

· 社會重建議題是否已深植於學校教育與教學的民主觀點
裡？你對這種方法的感受為何？

反思教學與教師增能的幻象

反思教學的四個傳統架構出教師們研究的品質，促進並建
立其專業的生活模式。事實上，在本書內容中我們已經提過，
反思教師是一位對自己專業發展有所期許的人，但反思教師的
「浪潮」包括了許多的變動。

雖然在教學中的反思活動很努力地和師資培育結合，藉以
幫助教師們在學校中能扮演優秀領導者的角色，並能加強其專
業成長，但是，反思教學又常會被用在一些不是針對教師發展
的情形中，一種對於教師發展的錯誤觀念卻也因此產生。在本
書的最後部分，我們將簡略地說明降低教師專業生活的教學；
也就是那些我們曾在不同章節曾稍微提及的教學方式，我們現
特別將其點出並進行探討。

首先，反思教學概念中最常見的方式，就是用在受限的空
間中，來協助老師們對其教學進行反思，並鼓勵他們運用別人
研究報告中的教學方式，也就是那些被視為與有效教學相關

的研究（有效性通常被視為學生們在標準測驗上所達到的成果）。有時此種反省思考的「訓練」形式，鼓勵教師們運用自己的創意智慧來決定在某些情況下所運用的策略，但是在大部分的情況下並不適用。若根據教師們的教學方式是否符合標準的教學行為，而評估教師們的教學方式，則佛羅里達績效測量系統（Florida Performance Measurement System, FPMS）就是這種錯誤觀念的實例（Smith, Petersen, & Miccere, 1987）。

FPMS根據教師們的教學方式是否符合在教學六大領域中的一百二十四項行為，加以檢視教師們的表現（例如：規劃、學生管理、教學的架構與發展、主題的呈現、口語與非口語的溝通以及測驗），這些都是所謂的教學有效性研究，會有督察人員使用教室觀察表，其中列出了三十九項的行為項目，可根據其教學行為的有效或非有效性加以勾選。舉例來說，在教學組織以及發展的領域中，會發給教師一份有效性指標檢核表，讓他們看到學生們的反應，並描述其回應，提出可改進的回應或是特定的學術讚賞。教師若忽略學生們的反應或是說一些無關緊要的話或以嘲諷的方式表達，則會列為無效的行為。

雖然FPMS以及其他類似的課程根據外部教學知識，運用了強調反思效應的語言，告知老師們在解決問題、決定問題時可運用的研究報告，但此種反思教學的概念，將緊緊地限制教師複製標準的教學行為模式，排除了讓教師們在教學中運用自己的智慧與專業。這些方法都只是一些由別人所架構的理論和改寫的知識，教師們對於這樣的方式並不熟悉，更遑論運用在特定的情形中。這些都是在大學裡研究而形成的「理論」，但真正實踐的部分卻又是發生在中小學裡。

在反思教學的大旗下，第二個現象是對於此種工具理性的堅持。有某些反思教學模式將反思過程限制為教學技巧與策略的動機（教學的方式），並將其由教師教學中的道德範圍與倫理範圍加以排除。所以，教師們沒有機會做一些常規以外的教學，也無法調整方式以達到目標，他們成為一種技術性活動，而對於一些關於價值觀的重要議題，像是應該教什麼？教誰？這些事情都交由外人來決定。此種教學方法的工具性概念，將教師侷限在一個技術性的框框中，並只運用外人所提供的價值觀，忽略所有教學方法中所應有的道德內涵。教學的技術性觀點固然重要，但這些觀點不能與價值觀分離。

第三項關注則是在鼓勵教師們進行更多反思時，重點只針對他們的教學／或學生，強調教師的教學行為，卻忽略了影響教師在課堂表現時，學校教育中的社會條件。此種個人式的偏見，讓教師們能面對並轉換工作環境的可能性降得更低，進而成為其完成教育使命上的障礙。

在鼓勵教師對於學校教育的社會條件做出反思的同時，我們必須注意教師們在課堂之外，不應再花費太多額外的時間、精力以及專業，而導致其在課堂中注意力的轉移。在某些情形下，為教師建立更多的機會以使其成為領導者的角色，反而會加重工作的內容，使他們無法完成教育學生的主要目標。當然，這樣的情形可以不用發生，但首先必須做的努力是，可以將教師們在學校的領導角色結合至工作中，而非增加其工作量。

第四項也是最後一項，大部分的著作提及有關於反思實踐活動的特色是，每位教師都會透過對自己工作的思考促進反

思。在多數反思教學裡，通常很少認為反思是一種社會實踐，即教師們可以支持或協助其他教師的成長。如果只將教師發展定位為一種活動而已，會侷限了教師們成長的潛力。在社會互動中取得挑戰與支持，可協助教師們釐清他們的信念且得到追求信念的勇氣。

在教師發展中，對於此種個別教師的孤立性以及缺少對於教育中社會環境的關注，會造成教師以為問題是出現在自己的身上，而非其他教師或是學校架構與系統中。因此，我們看到了所謂教師工作倦怠與工作壓力等專有名詞的出現，這樣的情形會使教師們喪失對於學校應有的批判，而將注意力轉移到自己的失敗裡。若我們真的希望教師們能有所發展，我們必須捨棄個人的方式，並留心其他教師們的建議。就像是1980年代波士頓女性教師團體成員們所提出的：

> 教師對於學校的研究，必須從只針對個別教師、學生、長家以及行政人員，轉為針對整個系統。教師們必須體認學校的架構如何掌控其工作，和對其與同事、學生以及學生家庭關係上的影響。教師必須自由地表達這些見解，並提出其擔憂的部分。只有這樣的做法，可讓他們的智慧有所成長，並幫助其他人有所成長。（Freedman et al., 1983, p. 299）

總結來說，我們找出了四種破壞教師發展的可能情況，我們也提出了四種矯正的方式。首先，我們若強調讓教師們複製使用其他研究成果中的教學方式，是十分危險的，這樣的作法

可能會忽略教師自己在教學時的理論與專業。我們認為在教師理論與研究成果中，最好能有更多的互動，而且也必須更著重在教師們的研究能力。第二，我們發現方法－目的思考的方式，會侷限教師們只對於教學技巧及教室內部組織的反思，卻忽略價值觀與目標的問題，這是一項很大的迷思。教師們的完整研究過程十分重要，而引導目標與價值觀也是核心重點，這些都是教師們應該研究的部分。第三，促進教師們對於自身教學的反思，卻忽略教學中的社會與教學環境，這樣的作法是錯誤的。教師除了教導學生課外的事物，也應建立起對教育品質會產生直接影響的優良教學環境，反思教學必須對於課堂與課外的事物都做出反思的行為。第四，強調協助教師個別反思，卻忽略了社會合作教學上的反思，將過度抑制教師們的研究，以及其專業上的成長。反思教學當然可作為單一的模式，但並不需要。事實上，教師們應該彼此溝通，談論所面對的議題、問題及困境。

結　語

　　我們在一開始曾經提出：好的反思教學存在各種「情境」當中，但我們也指出，若教師沒有對目標、價值觀以及假設提出質疑，且未曾檢視其教學的環境，就不能算是好的反思教學。反思教學必須包括對於教學結果、方法及環境的批判。在第四章裡，我們提出好的反思教學同樣也必須是民主化的，教

師必須致力於對所有學生都能達到同樣的學術標準而努力，我們堅信，好的反思教學必須兼具民主性與自我批判性，雖然它所包含的概念不只如此，但這是最基本的部分。

　　希望這本著作能讓你更了解我們的想法，以及你自己對於反思教學的概念。我們相信這會是很有幫助的介紹，但是，誠如我們在一開始所提及的，這本著作只是導論，其他相關系列則是為了協助你更能檢視你在教學中的各項理論、經驗、知識，以及價值觀，並探討與教學專業相關的議題。下一本著作《文化與教學》將強調在教學中的文化議題與環境，並針對多元文化課程加以討論。至於其他包括《性別與教學》、《學校改革與教師》、《在語言多元的社會中教學》以及《故事與教學上的探討》等，這些著作都將是我們在進行反思教學研究且經深思熟慮後的產物。

　　最後，我們也提出一些建議。教學也算是一種工作，在教學中必須付出努力並獲得報酬。然而，我們認為教學並不只是如此。我們認為教學更像是一種呼喚——是一種必須熱情承諾的努力。在近一世紀的勞工剝削中，大家都貶低了教師的努力，也許要讓教學成為一種「呼喚」是很困難的。但我們認為這是值得的，它需要足夠的研究，並非一蹴可幾。相反地，這是對於所有優秀教師們的挑戰，但這也是優秀教師們有可能忽略的部分。我們希望你在努力中能有所斬獲，並希望你所付出的努力最後能有好的結果。若你的努力最後沒有得到預期的結果，也請肯定自己的努力，持續不斷地教學與反思，並與其他的教育者和家長互相交流意見，使你在專業領域中能有所成長。

附錄A

致力於公眾學校教育使其更民主與平等的團體與資源的相關名錄

波士頓女教師團體（Boston Women's Teachers' Group）

　　P.O. Box 169 W. Somerville, MA 02144.是一非營利團體，每年出版Radical Teacher期刊三期。這份屬於社會學者與女性主義學者取向探討相關教學理論與實務的期刊，是由K-12的教師所撰寫，提及的議題包括工作階級研究、女性主義者教學，以及多元文化與反種族主義教學。數年前，這個團體還製作了一部影音幻燈片是在描述有關教師組織結構的效能，名為「走廊的另一盡頭」（The Other End of the Corridor）。

明日加州（California Tomorrow）

　　Fort Mason Center, Building B., San Francisco, CA 94123; 415-441-7631.是一非營利組織，致力於建立加州各種族、文化與語言多樣性的平等社會。透過政策研究、倡導、媒體推廣與技術援助，明日加州刺激了大眾的對話──關於多元是最珍貴的資產，以及種族平等是成為一合乎正義與偉大社會的唯一希望。出版品包括：*Bridges: Promising Programs for the Education of Immigrant Children*、*Embracing Diversity: Teachers' Voices from*

California's Classrooms 和 *The Unfinished Journey: Restructuring Schools in a Diverse Society*。

共同命運聯盟（Common Destiny Alliance）

University of Maryland, College Park, MD 20742-2334; 301-405-2341.是一國家級的組織與個人致力於改善民族與種族關係及教育機會的均等。提供有關於民族與種族關係與衝突解決、在民族與種族混雜的情境教學與學習，以及培育教師如何面對多元文化的相關研究本位資訊。

兒童種族叢書公會
（Council on Interracial Books for Children）

1841 Broadway New York, NY 10023.是一群由作家與圖書館員、教師及家長於1966年所成立的非營利組織。致力於反種族主義與反性別主義的兒童文學與教材開發，並每年發行八次 *Interracial Books for Children Bulletin*，分析學習教材內容的刻板印象與其他的偏差形態，並推薦新書與資訊。

社會責任教育家（Educators for Social Responsibility）

23 Garden St. Cambridge, MA 02138; 617-492-1764.是一國家教育機構，提供計畫與課程來支援教師，以幫助年輕人能更積極與負責地面對世界。出版期刊：*Educating for Social Responsibility*。

民主教育研究所（Institute for Democracy in Education, IDE）

College of Education, Ohio University, 313 McCracken Hall, Athens OH 45701-2979; 614-593-4531.民主教育研究所推動教育實務，提供學生經驗，藉以發展民主態度與價值。它提供教師一個擁有相同價值觀並能分享見解的論壇，藉以推動民主教育與提供促進專業成長的機會。出版以班級教師為對象的季刊：*Democracy and Education*。

反應教育協會（Institute for Responsive Education, IRE）

605 Commonwealth Ave. Boston, MA 02215.是一非營利的研究與擁護組織，致力於讓學校能對市民與家長更負責任。與學區緊密的結合，反應教育協會提供技術協助與諮詢幫助家長選擇公立學校系統。每年出版三期期刊：*New Schools, New Communities*（原名為*Equity and Choice*）。

國立多元文化教育學會

（National Association of Multicultural Education）

學會主席為Donna Gollnick. 2101-A North Rolfe St., Arlington, VA 22209　703-243-4525.是一致力於促進多元文化教育的組織。出版季刊：*Multicultural Education*，每年均舉辦研討會。

國家維護學生聯盟

（National Coalition of Advocates for Students）

100 Boylston St., Suite 737, Boston MA 02116-4610; 617-357-8507.是由十四個州的二十二個兒童保護團體所組成的

組織，致力於對多數弱勢團體，尤其是貧窮、有色人種、新移民或各種殘疾者能公平進入公立學校受教育為目的。也研製了許多可運用的有關學校改革的資源，例如，*The Good Common School: Making the Vision Work for All Children*。負責管理移民教育資訊交換所與國立移民教育中心。

國家教育行動主義者聯盟
（National Coalition of Education Activists）

　　P.O. Box 679 Rhinebeck, NY 12572; 914-876-4580.是由家長、社區成員、教師與聯盟行動者為促進學校革新所組成的國家級網絡系統。每年夏天均會舉辦研討會，每季也會出版通訊期刊：*Action for Better Schools*。

國家公民教育委員會
（National Committee for Citizens in Education）

　　900 2nd St. N.E., Suite 8, Washington, DC; 202-408-0447.是一致推展家長與社區進入公立學校系統，並協助公立學校進行改革的組織。

美國教育家網絡
（Network of Educators on the Americas, NCEA）

　　P.O. Box 73038 Washington, DC 20056-3038; 202-806-7277.是一國家級的非營利組織，透過與學校和社區的合作，以發展和提升美國有更合乎社會與經濟公平正義的教學方法與教材。相關計畫都是反映該組織透過批判、反種族主義與多元文化教

育方式以促進達成和平、正義與人權的目的。研製並分送有關
反種族主義與多元文化教育的K-12資訊：*Teaching for Change*。

費城公立學校筆記本（Philadelphia Public School Notebook）

3721 Midvale Ave. Philadelphia, PA. 19129-1532; 215-951-
0330.是一份每季出版的報紙，提供費城地區的家長、學生、
老師和不同團體一個發聲的管道，目的是為提升教育品質與建
立公平機制。這份報紙是人力發展資源計畫的初始計畫。

校園省思（Rethinking Schools）

1001 E. Keefe Ave., Milwaukee, WI 53212-1710; 414-964-9646.
是一份由家長、教師和教育行動者獨力製作，以報紙形式每年
發行四次的期刊：*Rethinking Schools*，致力於推動公立學校的
公平正義。它特別關注在改變學校以便能讓所有的孩子獲得
平等的教育。這個團體也發行三種雜誌：*Rethinking Our Class-
rooms: Teaching for Equity and Social Justice*、*Rethinking Colum-
bus*和*False Choices: Why School Vouchers Threaten Our Children's
Future*。

校園之音（School Voices）

115 W. 28th St., Suite 3R, New York, NY 10001; 212-643-8490.
一份季刊形式的報紙，由一群教育家與家長所組成的多種族網
絡——紐約人民的教育變遷（New York's People About Chang-
ing Education, PACE）所贊助。

附錄B

支援與分享教師研究的出版與組織名錄

威斯康辛網絡行動研究
（Action Research of Wisconsin Network, AROW）

前身是麥迪遜區域行動研究網絡。主持人為Cathy Caro-Bruce。Madison Metropolitan School District, 545 W. Dayton St. Madison WI 53703.贊助行動研究團體與提供新團體成立所需之技術協助。出版並分送行動研究報告，每年春季舉辦一次研討會。

阿拉斯加教師研究網絡（Alaska Teacher Research Network）

Box 58480, Fairbanks, AK 99711.分送教師研究報告，出版通訊並贊助教師研究研討會。

合作行動研究網絡（Collaborative Action Research Network）

主持人為Bridget Somekh。蘇格蘭教育研究委員會。15 St. John St., Edinburgh EH8 8JR U.K.是國際性的行動研究網絡並撰寫相關行動研究報告。每年秋天於英國舉辦年會並出版期刊：*The Journal of Educational Action Research*，其中包括一些有關教師研究之報告。

哈佛教育家論壇一著作交流

（Harvard Educator's Forum-Writing Exchange）

主持人為Claryce Evans。哈佛大學教育研究。Room 211 Longfellow Hall Appian Way, Cambridge MA 02138.贊助教師研究團體並分送教師研究報告。可索取相關出版品目錄。

學習交流（The Learning Exchange）

3132 Pennsylvania Ave. Kansas City, MO 64111; 816-754-4150. 贊助每年春天所舉辦的國際合作行動研究研討會。

麻薩諸塞州教學與學習田野中心

（The Massachusetts Field Center for Teaching and Learning）

麻州州立大學波士頓學院。100 Morrissey Blvd. Boston, MA 02125是遍及全州的網絡，重視教師發展與學校改善，並出版Teaching Voices這份通訊報告中相關教師研究計畫，並由本中心贊助經費。完整的研究報告目錄可以由教師即研究者計畫中取得。

教師研究：教室探究期刊

（*Teacher Research: The Journal of Classroom Inquiry*）

是一份每年出版兩期的期刊，主要內容為教師從本身教室內出發的研究報告以及相關的教室內探究。編輯分別為Ruth Hubbard，地址：Campus Box 14 Lewis and Clark College, Portland, OR 97219 與 Brenda Power，地址：5766 Shibles Hall, University of Maine, ORONO, ME 04469-5766。

教學與改變（*Teaching and Change*）

　　是一份每年出版四期的期刊。提供一個公開論壇讓班級教師報告他們的經驗，認為學校應如何調整可以讓教學實務變得更好。致力於幫助教師能更強化他們的學習社群。此期刊由 Karen Zauber編輯，地址：NEA-National Center for Innovation. 1201 16th St, NW, Washington, DC 20036。

Apple, M. (1993). *Teachers and texts: A political economy of class and gender relations in education.* New York: Routledge.

Berliner, D. (1987). Knowledge is power. In D. Berliner & B. Rosenshine (Eds.), *Talks to teachers* (pp. 3–33). Toronto: Random House.

Beyer, L. (1988). *Knowing and acting: Inquiry, ideology, and educational studies.* London: Falmer Press.

Bielenberg, J. (1995). *Conceptions of science education.* Unpublished doctoral dissertation, University of Colorado at Boulder, School of Education, Boulder.

Britzman, D. (1991). *Practice makes practice: A critical study of learning to teach.* Albany, NY: SUNY Press.

Bullough, R., Knowles, J. G., & Crow, N. (1992). *Emerging as a teacher.* London: Routledge.

Calderhead, J. (1989). Reflective teaching and teacher education. *Teaching and Teacher Education, 5*(1), 43–51.

Carpenter, T., & Fennema, E. (1992). Cognitively guided instruction: Building on the knowledge of students and teachers. In W. Secada (Ed.), Curriculum reform: The case of mathematics in the U.S. [Special Issue]. *Instructional Journal of Educational Research,* 457–470.

Chamot, A., & O'Malley, J. M. (1994). *The CALLA Handbook.* Reading, MA: Addison-Wesley.

Clandinin, J., Davies, A., Hogan, P., & Kennard, B. (Eds.). (1993). *Learning to teach: Teaching to learn.* New York: Teacher's College Press.

Connelly, M., & Clandinin, J. (1988). *Teachers as curriculum planners: Narratives of experience.* New York: Teacher's College Press.

Cruickshank, D. (1987). *Reflective teaching.* Reston, VA: Association of Teacher Educators.

Cuban, L. (1984) *How teachers taught: Constancy and change in America's classrooms.* New York: Longman.

Darling-Hammond, L., & Berry, B. (1988). *The evolution of teacher policy.* Washington DC: Rand.

Darling-Hammond, L. (Ed.). (1994). *Professional development schools: Schools for developing a profession.* New York: Teacher's College Press.

Day, C. (1993). Reflection: A necessary but not sufficient condition for professional development. *British Educational Research Journal, 19*(1), 83–93.

Delpit, L. (1986). Skills and other dilemmas of a progressive black educator. *Harvard Educational Review*, *56*(4), .

Dewey, J. (1965). The relation of theory to practice in education. In M. Borrowman (Ed.), *Teacher education in America: A documentary history*. New York: Teacher's College Press. (Original work published 1904)

Dewey, J. (1933). *How we think*. Chicago: Henry Regnery.

Dewey, J. (1938). *Experience and education*. New York: Collier Books.

Duckworth, E. (1987). *The having of wonderful ideas*. New York: Teacher's College Press.

Elbaz, F. (1983). *Teacher thinking: A study of practical knowledge*. London: Croom Helm.

Elliot, J. (1991). *Action research for educational change*. Buckingham, UK: Open University Press.

Feiman-Nemser, S. (1990). Teacher preparation: Structural and conceptual alternatives. In W. R. Houston (Ed.), *Handbook of research on teacher education* (pp. 212–233). New York: Macmillan.

Fennema, E., Carpenter, T., & Franke, M. (in press). In M. L. Watt (Ed.), *Action research and the reform of mathematics & science education*. New York: Teacher's College Press.

Fenstermacher, G. (1980). On learning to teach effectively from research on teacher effectiveness. In C. Denham & A. Lieberman (Eds.), *Time to learn* (pp. 127–138). Washington, DC: U.S. Department of Education.

Freedman, S., Jackson, J., & Boles, K. (1983). Teaching: An imperiled profession. In L. Shulman & G. Sykes (Eds.), *Handbook of teaching and policy* (pp. 261–299). New York: Longman.

Gentile, J. R. (1988). *Instructional improvement: Summary and analysis of Madeline Hunter's essential elements of instruction and supervision*. Oxford, OH: National Staff Development Council.

Greene, M. (1986). Reflection and passion in teaching. *Journal of Curriculum and Supervision*, *2*(1), 68–81.

Griffiths, M., & Tann, S. (1992). Using reflective practice to link personal and public theories. *Journal of Education for Teaching*, *18*(1), 69–84.

Grossman, P. (1990). *The making of a teacher: Teacher knowledge and teacher education*. New York: Teacher's College Press.

Gutmann, A. (1987) *Democratic education*. Princeton, NJ: Princeton University Press.

Handal, G., & Lauvas, P. (1987). *Promoting reflective teaching*. Milton Keynes, UK: Open University Press.

Heath, S. B. (1983). *Ways with words* New York: Cambridge University Press.

Johnson, D., & Johnson, R. (1994). *Learning together and alone: cooperative, competitive and individualistic learning* (4th ed.). Needham Heights, MA: Allyn & Bacon.

Kemmis, S. (1985). Action research and the politics of reflection. In D. Boud, R. Keogh, & D. Walker (Eds.), *Reflection: Turning experience into learning* (pp. 139–164). London: Croom Helm.

Lakoff, G., & Johnson, M. (1980). *Metaphors we live by*. Chicago: University of Chicago Press.

Lieberman, A., & Miller, L. (1991). *Staff development for the 1990's: New demands, new realities, new perspectives* (2nd ed.). New York: Teacher's College Press.

Lightfoot, S. L. (1978). *Worlds apart.* New York: Basic Books.

Liston, D. P., & Zeichner, K. M. (1991). *Teacher education and the social conditions of schooling.* New York: Routledge.

Lytle, S., & Cochran-Smith, M. (1990). Learning from teacher research: A working typology. *Teachers College Record, 92*(1), 83–103.

Marshall, H. (1990). Metaphor as an instructional tool in encouraging student teacher reflection. *Theory into Practice, 29*(2), 128–132.

McDiarmid, G. W. (1992). *The arts and sciences as preparation for teaching.* East Lansing, MI: National Center for Research on Teacher Learning.

Meloth, M., & Derring, P. (1991). Task talk and task awareness under different cooperative learning conditions. *American Educational Research Journal, 31*(1), 138–165.

Meloth, M., & Deering, P. (1992). Effects of two cooperative conditions on peer group discussions, reading comprehension and metacognition. *Contemporary Educational Psychology, 17,* 175–193.

Munby, H., & Russell, T. (1990). Metaphor in the study of teachers' professional knowledge. *Theory into Practice, 29*(2), 116–121.

Osterman, K., & Kottkamp, R. (1993). *Reflective practice for educators.* Newbury Park, CA: Corwin Press.

Paris, C. (1993). *Teacher agency and curriculum making in classrooms.* New York: Teacher's College Press.

Perrone, V. (1989). *Working papers: Reflections on teachers, schools and community.* New York: Teacher's College Press.

Peterson, R. (1993). Creating a school that honors the traditions of a culturally diverse student body: La Escuela Fratney. In G.A. Smith (Ed.), *Public schools that work* (pp. 45–67). New York: Routledge.

Pollard, A., & Tann, S. (1994). *Reflective teaching in the primary school* (2nd ed.). London: Cassell.

Popkewitz, T. (1991). *A political sociology of educational reform.* New York: Teacher's College Press.

Rosenholtz, S. J. (1989). *Teachers' workplace: The social organization of schools.* New York: Longman.

Ross, D., & Kyle, D. (1987). Helping preservice teachers learn to use teacher effectiveness research. *Journal of Teacher Education, 38,* 40–44.

Ruddick, J., & Hopkins, D. (1985). *Research as the basis for teaching.* London: Heinemann Books.

Ruenz, D. (1994, September). A lesson in tolerance. *Teacher,* pp. 25–29.

Sarason, S. (1971). *The culture of the school and the problem of change.* Boston: Allyn & Bacon.

Scheffler, I. (1968). University scholarship and the education of teachers. *Teachers College Record, 70*(1), 1–12.

Schon, D. (1983). *The reflective practitioner.* New York: Basic Books.

Schon, D. (1987). *Educating the reflective practitioner*. San Francisco: Jossey-Bass.

Schwab, J. (1971). The practical: Arts of eclectic. *School Review, 79*, 493–543.

Shulman, L. (1986). Those who understand: Knowledge growth in teaching. *Educational Researcher, 15*(2), 4–14.

Smith, B. O., Peterson, D., & Micceri, T. (1987). Evaluation and professional improvement aspects of the Florida performance measurement system. *Educational Leadership, 44*(7), 16–19.

Solomon, J. (1987). New thoughts on teacher education. *Oxford Review of Education, 13*(3), 267–74.

Tabachnick, B. R., & Zeichner, K. M. (1991). *Issues and practices in inquiry-oriented teacher education*. London: Falmer Press.

Thomas, L. (1974). *The lives of a cell*. New York: Bantam.

Tremmel, R. (1993). Zen and the art of reflective practice. *Harvard Educational Review, 63*(4), 434–458.

Valli, L. (1990). *The question of quality and content in reflective teaching*. Paper presented at the annual meeting of the American Educational Research Association, Boston, MA.

Valli, L.(1993). Reflective teacher education programs: An analysis of case studies. In J. Calderhead (Ed.), *Conceptualizing reflection in teacher development* (pp. 11–22). Albany, NY: SUNY Press.

Wilson, S., Shulman, L., & Richert, A. (1987). 150 different ways of knowing: Representations of knowledge in teaching. In J. Calderhead (Ed.), *Exploring teachers' thinking* (pp. 104–124). London: Cassell.

Wise, A. (1979). *Legislated learning*. Berkeley: University of California Press.

Wood, P. (1988). Action research: A field perspective. *Journal of Education for Teaching 14*(2), 135–150.

Zumwalt, K. (1982). Research on teaching: Policy implications for teacher education. In A. Lieberman & M. McLaughlin (Eds.), *Policy making in education* (pp. 215–248). Chicago: University of Chicago Press.

國家圖書館出版品預行編目資料

反思教學導論 / Kenneth M. Zeichner, Daniel P. Liston 著；
許健將譯. --初版. --臺北市：心理, 2008.05
面； 公分. --（課程教學；13）
參考書目：面
譯自：Reflective teaching: An introduction
ISBN 978-986-191-138-0（平裝）

1.反省思考教學　　　　　　2.批判思考教學

521.4　　　　　　　　　　　　　　　97006752

課程教學 13　**反思教學導論**

作　　者：Kenneth M. Zeichner & Daniel P. Liston
執行編輯：林怡倩
總 編 輯：林敬堯
發 行 人：洪有義
出 版 者：心理出版社股份有限公司
社　　址：台北市和平東路一段 180 號 7 樓
總　　機：(02)23671490　　　傳　真：(02)23671457
郵　　撥：19293172　心理出版社股份有限公司
電子信箱：psychoco@ms15.hinet.net
網　　址：www.psy.com.tw
駐美代表：Lisa Wu　tel:973 546-5845　fax:973 546-7651
登 記 證：局版北市業字第 1372 號
電腦排版：菩薩蠻電腦科技有限公司
印 刷 者：正恒實業有限公司
初版一刷：2008 年 5 月

讀者意見回函卡

No._____ 　　　　　　　　　填寫日期：　年　月　日

感謝您購買本公司出版品。為提升我們的服務品質，請惠填以下資料寄回本社【或傳真(02)2367-1457】提供我們出書、修訂及辦活動之參考。您將不定期收到本公司最新出版及活動訊息。謝謝您！

姓名：＿＿＿＿＿＿＿＿＿＿　性別：1□男　2□女

職業：1□教師 2□學生 3□上班族 4□家庭主婦 5□自由業 6□其他＿＿＿

學歷：1□博士 2□碩士 3□大學 4□專科 5□高中 6□國中 7□國中以下

服務單位：＿＿＿＿＿＿　部門：＿＿＿＿　職稱：＿＿＿＿＿

服務地址：＿＿＿＿＿＿＿＿＿＿　電話：＿＿＿＿　傳真：＿＿＿

住家地址：＿＿＿＿＿＿＿＿＿＿　電話：＿＿＿＿　傳真：＿＿＿

電子郵件地址：＿＿＿＿＿＿＿＿＿＿＿＿＿＿

書名：＿＿＿＿＿＿＿＿＿＿＿＿＿＿＿＿＿＿＿

一、您認為本書的優點：（可複選）

❶□內容 ❷□文筆 ❸□校對 ❹□編排 ❺□封面 ❻□其他＿＿＿

二、您認為本書需再加強的地方：（可複選）

❶□內容 ❷□文筆 ❸□校對 ❹□編排 ❺□封面 ❻□其他＿＿＿

三、您購買本書的消息來源：（請單選）

❶□本公司 ❷□逛書局⇨＿＿＿書局 ❸□老師或親友介紹

❹□書展⇨＿＿書展 ❺□心理心雜誌 ❻□書評 ❼□其他＿＿＿

四、您希望我們舉辦何種活動：（可複選）

❶□作者演講 ❷□研習會 ❸□研討會 ❹□書展 ❺□其他＿＿＿

五、您購買本書的原因：（可複選）

❶□對主題感興趣 ❷□上課教材⇨課程名稱＿＿＿＿＿＿＿

❸□舉辦活動 ❹□其他＿＿＿＿＿＿　　　　（請翻頁繼續）

| 廣　告　回　信 |
| 台北郵局登記證 |
| 台北廣字第 940 號 |

（免貼郵票）

 心 理 出 版 社 股份有限公司

台北市 106 和平東路一段 180 號 7 樓

TEL:(02)2367-1490
FAX:(02)2367-1457
EMAIL:psychoco@ms15.hinet.net

沿線對折訂好後寄回

六、您希望我們多出版何種類型的書籍

❶□心理　❷□輔導　❸□教育　❹□社工　❺□測驗　❻□其他

七、如果您是老師,是否有撰寫教科書的計劃:□有　□無

　書名／課程: _____

八、您教授／修習的課程:

上學期: _____

下學期: _____

進修班: _____

暑　假: _____

寒　假: _____

學分班: _____

九、您的其他意見

_____

謝謝您的指教!　　　　　　　　　　　41313